BRINA STEIN
**Echte Kreuzfahrterlebnisse**
*Der unverzichtbare Ratgeber*
*für Erst- und Vielfahrer*

# Brina Stein

# ECHTE KREUZFAHRT ERLEBNISSE

### Der unverzichtbare Ratgeber
### für Erst- und Vielfahrer

# IMPRESSUM

Besuchen Sie uns im Internet:
*www.wellengefluester-verlag.de*

Taschenbuchausgabe
1. Auflage November 2019

Alle Rechte vorbehalten.

*Umschlaggestaltung & Satz: Attila Hirth*
*Lektorat: Hubert Quirbach*
*Bildnachweis: Fotos Eigentum Brina Stein*
*Das Cover entstand unter Verwendung:*
*Bilder von depositphotos.com und Brina Stein*
Printed in EU

ISBN – Print 978-3-948510-00-8
ISBN – ebook 978-3-948510-01-5

Die Deutsche Nationalbibliothek verzeichnet diese Publikation in der Deutschen Nationalbibliografie.

© 2019 Wellengeflüster Verlag, Dirk-Olaf Reulecke,
Am Forsthaus 2a, 65827 Eppstein

# KREUZFAHRTAUTORIN BRINA STEIN

Sabrina Reulecke (Kreuzfahrtautorin) schreibt unter dem Namen Brina Stein. Sie wurde in Berlin geboren, ist in Lübeck aufgewachsen und lebt heute mit ihrem Mann im Taunus. Vor über siebzehn Jahren hat sie die Kreuzfahrt für sich entdeckt. Auf weit über 50 Kreuzfahrten war sie fasziniert von den Möglichkeiten, in einem Urlaub verschiedenste Länder zu entdecken und begann, das Reisen mit dem Schreiben zu verbinden. Ihre Reiseerlebnisse wurden so zur Vorlage ihrer fiktiven Geschichten.

Seit ihrem Debüt im Jahre 2012 hat sie insgesamt sechs Bücher der Wellengeflüster-Buchreihe in Verlagen veröffentlicht. Außerdem erschien im Würzburger Verlagshaus Stürtz ein Bildband zu ihrer Kreuzfahrt um die Welt. Eine maritime Anthologie als Herausgeberin mit neun anderen Autoren rundet ihre bisherigen Veröffentlichungen ab.

# INHALT

# VORWORT

Hallo lieber Leser,

ich freue mich, dass Sie sich für mein Buch interessieren. Vielleicht sind Sie ein Einsteiger, der Informationsmaterial über die Urlaubsform Kreuzfahrt sucht und die üblichen Ratgeber alle schon gelesen hat? Dann wissen Sie bereits, dass Innenkabinen keine Balkone haben und die Crew immer auch an Bord schläft. Prima! Natürlich ist Ihnen auch bekannt, wie Sie dank einer Gebrauchsanweisung das passende Schiff für sich finden und wie Sie schließlich mit einschlägigen Verhaltenregeln eine Kreuzfahrt überstehen können. Trotzdem konnten Sie sich immer noch nicht dazu aufraffen, Ihre erste Kreuzfahrt zu buchen?

Vielleicht sind Sie aber auch ein begeisterter Vielfahrer und haben bei Ihrer bevorzugten Reederei den begehrten Goldstatus? Vieles haben Sie schon erlebt, aber zwischen den Kreuzfahrten darben Sie vielleicht an Land und suchen stetig Lektüre zu Ihrer Lieblingsurlaubsform – der Kreuzfahrt? Ich kann Ihnen versichern, in beiden Fällen sind Sie bei mir und meinem Ratgeber für Erst- und Vielfahrer genau richtig.

Ich habe im Jahre 2002 die Urlaubsform Kreuzfahrt für mich persönlich entdeckt und bin seitdem – zugegeben – süchtig nach Reisen auf dem Meer. Die Wurzeln dafür lagen schon in meiner Kindheit. Aufgewachsen in Lübeck, machte ich sonntags oft Ausflüge mit meinen Eltern ins nahe gelegene Ostseeheilbad Travemünde. Ich stand am Ufer und sah staunend die großen Fährschiffe den Hafen verlassen und ich fühlte einen gewissen Zauber in mir. Eine besondere Freude war es mir immer, wenn wir mit meinem Onkel mit dem Segelboot den Hafen verließen. Auf dem Meer verspürte ich eine unheimliche Freiheit und dieses Gefühl stellte sich mit meiner ersten richtigen Kreuzfahrt viele Jahre später wieder ein. In den Jugendtagen flimmerte 1981 die allererste Traumschiff-Folge über den noch voluminösen Fernseher und ich – damals 11 Jahre alt – verliebte mich sofort in Victor, den charmanten Steward, gespielt von Sascha Hehn. Seitdem sind viele Jahre vergangen, ebenso seit meiner allerersten Kreuzfahrt. Meinen Mix aus Erlebnissen an Bord und interessanten Passagen teile ich mit Ihnen in diesem Buch. Wir brechen gemeinsam zu aufregenden Metropolen auf, besuchen außergewöhnliche Inseln, werden Ein- und Ausfahrten und Erlebnisse an Bord zusammen zelebrieren.

Warum ich Wert darauf lege, der „andere" Ratgeber zu sein? Nun, ich rate Ihnen zwar auch, aber zu jedem meiner Erlebnisse finden Sie immer einen Geheimtipp und nicht nur den Zeigefinger mahnend hoch. Eben echt erlebt, wofür ich zur Kennzeichnung als Symbol meine Schuhe gewählt habe, die meine Füße schon einmal mit einem Kreuzfahrtschiff um die Welt getragen haben.


Und nun Leinen los und volle Fahrt voraus!

*Ihre Kreuzfahrtautorin Brina Stein*

*Brinas Tipp:* ~~~~~~~~~~~~~~~~

Einmal auf der traditionellen Linie der alten Ocean-Liner von Southampton nach New York zu reisen ist grandios und weckt den Entdecker-Instinkt. Daher buchen Sie nach Möglichkeit die Einfahrt nach New York.

~~~~~~~~~~~~~~~~

# 1 – ERLEBNIS NEW YORK

Der Besuch des Hafens von New York ist ein Muss für jeden Kreuzfahrer. Hier könnte man sich nun streiten, ob die Einfahrt oder das Auslaufen aus diesem Hafen schöner ist. Ich kann beide Varianten empfehlen für die Stadt, die niemals schläft. Auf einer Reise über den Atlantik, die in der Regel fünf Tage dauert, giert man irgendwann nach Land. Wenn Sie dann morgens um 6 Uhr an Deck stehen und mit bloßem Auge die ersten Hochhäuser – im Idealfall bei einem wunderschönen Sonnenaufgang – erkennen können, dann sind Sie am Ziel. Je näher Sie der Skyline dieser faszinierenden Stadt kommen, desto aufregender wird es. Zur Rechten die Hochhäuser, zur Linken irgendwann die Freiheitsstatue, die an Größe stetig wächst. Parkt Ihr Schiff dann noch an Pier 88 ein, ist das Glück vollkommen. Von hier aus haben Sie nur einen kurzen Fußweg in die Stadt, die Ihnen buchstäblich zu Füßen liegt für alle Entdeckungen und Ausflüge. Besonders reizvoll ist es auch, wenn Ihnen Ihre Route einen Overnightstopp in New York bietet. Das Angebot von Kunst und Kultur auf dem Broadway ist unschlagbar, ebenso wie der Ausblick an Deck auf die hell erleuchteten Wolkenkratzer von New York City. Sie werden sich an dem Lichtermeer kaum sattsehen können, ob nun vom Top of the Rock, dem legendären Empire State Building oder eben von Deck Ihres Kreuzfahrtschiffes aus.

***Brinas Tipp:*** ~~~~~~~~~~~~~~~~~~~~~~~~~~~~~~~~~

Brückenführungen sind sehr begehrt und nicht alle Reedereien bieten sie heute noch an. Fragen Sie gezielt am Einschiffungstag danach und lassen Sie sich am besten gleich auf eine Interessentenliste setzen.

~~~~~~~~~~~~~~~~~~~~~~~~~~~~~~~~~

# 2 – ERLEBNIS BRÜCKENFÜHRUNG

Seit dem 11. September 2001 sind Brückenführungen auf vielen Kreuzfahrtschiffen leider aus Sicherheitsgründen zur Seltenheit geworden. Trotzdem gibt es sie noch vereinzelt. Sie sind ein wunderbares Erlebnis und können der absolute Höhepunkt einer Reise sein. Greifen Sie also zu, wenn sich die Möglichkeit bietet. Auf der Brücke selbst werden Sie dann erstaunt sein. Unendlich viele nautische Geräte befinden sich dort und hinten links auf dem Kühlschrank stehen vielleicht einige verwaiste Kaffeebecher und eine Packung Kekse. Ja, Sie sind wirklich auf der Kommandobrücke angekommen und dort herrscht eben Alltag. Es ist ein Arbeitsort wie jeder andere. Besonders faszinierend ist natürlich die Erklärung der kompletten Technik, was oft durch den Kapitän erfolgt oder den Ersten Offizier. Das Schiff fährt auf See, gut programmiert, eigentlich allein und die Menschen auf der Brücke überwachen nur noch. Dies geschieht via Radar und natürlich per Fernglas. Beim An- und Ablegen ist das wiederum eine ganz andere Sache, da übernimmt der Kapitän das Kommando zumeist selbst. Wer also das Schiff fährt, wenn Sie den Kapitän vielleicht entspannt im Restaurant beim Essen sehen, wäre damit geklärt. Fragen Sie ihn aber ruhig danach. Sprechen Sie ihn an! Ich habe das schon öfter getan und immer sehr interessante Antworten erhalten.

*Brinas Tipp:* ∼∼∼∼∼∼∼∼∼∼∼∼∼∼

Wenn Sie nicht so der Spaßvogel-Typ sind und auch auf keinem Fall im Pool landen wollen, dann empfiehlt es sich, bei der Äquatortaufe ein wenig abseits zu stehen. Die vordersten Reihen werden garantiert nass und nicht immer nur mit Wasser!

∼∼∼∼∼∼∼∼∼∼∼∼∼∼∼∼∼∼∼∼

# 3 – ERLEBNIS ÄQUATORTAUFE

Der Äquator teilt unsere Welt in die Nord- und Südhalbkugel. Er misst 40.075,017 km und durchquert die Kontinente Südamerika, Asien und Afrika. Ihn mit einem Kreuzfahrtschiff zu überqueren, ist ein besonderes Vergnügen, denn alle Reedereien laden zu diesem Zeitpunkt ihre Gäste zur traditionellen Äquatortaufe ein. Dabei handelt es sich im Ursprung um ein althergebrachtes Ritual der Seefahrt. Wenn ein Besatzungsmitglied den Äquator das erste Mal überquerte, musste es getauft werden. Vergleichbar ist die Polarkreistaufe. Neptun und sein Gefolge, die natürlich Crewmitglieder sind, entern dann das Kreuzfahrtschiff und übergießen freiwillige Täuflinge mit Flüssigkeiten oder seifen sie mit Rasierschaum ein. Es finden sich immer ein paar Gäste, die mitmachen, zum Spaß der anderen. Im Anschluss werden die Täuflinge gesäubert, was meistens ein Bad im Pool – in voller Bekleidung – zur Folge hat. In der Regel finden alle Gäste danach am Abend ihre Äquatortaufurkunde auf der Kabine vor. Ein Spaß, den man sich nicht entgehen lassen sollte. Als ich zum ersten Mal den Äquator in Richtung Brasilien überquerte, hupte das Schiff noch dazu und die Animation forderte uns auf, alle gemeinsam in die Luft auf die Südhalbkugel zu springen. In diesem Moment bekam ich wirklich Gänsehaut pur, da mir bewusst wurde, dass ich mich in neue Gefilde begab.

*Brinas Tipp:* 〜〜〜〜〜〜〜〜〜〜〜〜〜〜〜

Auf jeden Fall macht eine Postkarte aus der Südsee Ihre Nachbarn und Freunde neidisch, denn Ihnen steht die Entdeckung dieses Traums vielleicht noch bevor.

〜〜〜〜〜〜〜〜〜〜〜〜〜〜〜〜〜〜〜〜

# 4 – ERLEBNIS SÜDSEE

Die Südsee, ein Traum und man muss ihn erlebt haben. Diese Destination besticht mit warmen Temperaturen, türkisfarbenem Wasser und Sandstränden, die golden glitzern. Es ist genau so, wie Sie sich das vorstellen oder es aus dem Fernsehen kennen. Sonne satt, eine Palme, eine Hängematte und der Blick auf das Meer aus einem schönen Resort, in dem man natürlich – wenn man nicht gerade auf Kreuzfahrt ist – in Overwater Bungalows wohnt. Ich fand es traumhaft, allein schon die bunten Fische im Meer zu beobachten. Auf einem kurzen Tauchgang stellte ich auch fest, dass die Südsee salzig schmeckte, hätte ich irgendwie nicht erwartet. Also, es ist alles gegeben: Sonne, Strand, Palmen und Meer, dazu grün bewaldete Berggipfel, die eindrucksvoll über die Inseln hinausragen. Ideal für einige Tagesstopps. Wer hier länger Urlaub macht, sollte aber ein absoluter Strandurlaubsfan oder Wassersportler sein. Allen anderen könnte es sonst schnell langweilig werden, denn das Leben spielt sich nahezu nur in den abgeschlossenen Resorts ab. Eine Tour über die Inseln per Jeep bietet sich natürlich an. Eine grandiose Vulkanlandschaft ähnlich wie auf den Kanarischen Inseln werden Sie dann entdecken. Aber unterschätzen Sie die Temperaturen und die hohe Luftfeuchtigkeit nicht. Eine Kopfbedeckung macht durchaus Sinn und eine Flasche Wasser sollte auf jeden Fall im Gepäck sein für den Landgang.

*Brinas Tipp:* ～～～～～～～～～～～～

Wenn Sie Zeit haben, dann buchen Sie doch die ganze Fahrt, denn wenn die Rücktour beginnt und die Donaukilometer wieder aufwärts zählen, haben Sie auf der Rückfahrt oft noch Gelegenheit, weitere Städte entlang der Donau kennenzulernen und/oder atemberaubende Passagen noch einmal zu erleben.

～～～～～～～～～～～～

# 5 – ERLEBNIS DONAUDELTA

Bei Flusskreuzfahrten waren die Donau und ihre Nebenflüsse 2018 (Quelle ©Statista 2019) mit 35,2% bei den deutschen Touristen auf Platz 2 der Rangliste. Die meisten Flusskreuzfahrten auf der Donau beginnen und enden in Passau. Bei den Wochenkreuzfahrten ist oft das ungarische Budapest der Wendepunkt. Doch genau da setzt mein Tipp an. Denn wenn Sie Ungarn hinter sich lassen und nach Serbien einreisen, dann erwarten Sie wahre Perlen der Geschichte wie die Städte Novi Sad oder Belgrad. Vor dem Erreichen des Landgangs in Bulgarien geht es durch die Karpaten und das berühmte Eiserne Tor, eine Passage mit Gänsehauteffekt bei gutem Wetter. Und wenn Sie dann einige Tage später in das Schwarze Meer bei Sonnenaufgang oder -untergang einfahren, Wildpferde sehen, die am Eingang des Deltas anscheinend nur auf Ihr Schiff gewartet haben, dann wissen Sie, warum ich unbedingt die Passage bis hinunter ins Donaudelta empfehle. Einige Reedereien bieten Rückflüge ab Rumänien an. Ich selbst habe Rumänien übrigens sehr relaxt erlebt und bin in Tulcea nur freundlich gesinnten Menschen an Land begegnet. Viele Reedereien bieten ergänzend zu der Einfahrt noch Fahrten auf kleinen Booten vor Ort an, um Flora und Fauna aus nächster Nähe bewundern zu können. Das kann man machen, muss es aber nicht unbedingt tun, denn oft sind die Boote klein und man sitzt eng gedrängt.

*Brinas Tipp:* ～～～～～～～～～～～～～～

Der Abendausflug in den Katharinen-Palast mit Abendessen, der von vielen Reedereien angeboten wird, ist mein Tipp. Er bietet die Möglichkeit, nach der offiziellen Besuchszeit fast ganz allein im berühmten Bernsteinzimmer verweilen zu können.

～～～～～～～～～～～～～～～～～～～

# 6 – Erlebnis St. Petersburg

St. Petersburg in Russland bietet so viele geschichtliche Hintergründe, prachtvolle Bauwerke und Ausstellungen, die man als Gast nicht alle bei einem Besuch erleben kann. Aus diesem Grund führten mich auch schon insgesamt drei Kreuzfahrten dorthin und noch immer habe ich nicht alles gesehen. Die meisten Kreuzfahrtschiffe bleiben zumindest zwei Tage in St. Petersburg. Die größeren Kreuzfahrer liegen in dem Marine Facade Terminal außerhalb der Stadt. Von dort sind es theoretisch nur 15 Minuten mit dem Bus in die Stadt, doch fast egal, zu welcher Tageszeit, es ist auf beiden Seiten fast immer ein Stau und es dauert deshalb in der Regel eher 45 Minuten. Wenn Sie mit einem kleineren Kreuzfahrtschiff anreisen, legen Sie auf der Newa in der Nähe der Isaak-Kathedrale und der Eremitage an und sparen somit wertvolle Zeit. Bei diesen Anlegestellen lohnt es sich dann auch, sich selbst ein Visum vorab zu beschaffen, um sich allein durch die Stadt bewegen zu können. So können Sie auch St. Petersburg bei Nacht an Land erleben, was besonders zu der Zeit der Weißen Nächte ein Erlebnis ist. Entscheiden Sie sich jedoch für ein großes Kreuzfahrtschiff, das weiter außerhalb liegt, empfehle ich die jeweiligen Ausflüge der Reedereien zu buchen. So bekommen Sie das Visum mit dem Ausflugticket und sind auf der sicheren Seite, das Schiff durch eventuelle Staus nicht zu verpassen. Die Aufzählung einzelner Sehenswürdigkeiten würde in diesem Ratgeber den Rahmen sprengen, es gibt weit mehr zu entdecken, als es in zwei Tagen möglich ist.

***Brinas Tipp:*** ~~~~~~~~~~~~~~~~~~~~~~~~~~~

Dreharbeiten an Bord haben ihr eigenen Gesetze. Da kann je nach Örtlichkeit – so erging es mir in *meiner Folge* – der Hafen von Sevilla schon mal nach New York verlegt werden. Aber Sie wissen dann darüber bei der Ausstrahlung Bescheid und schweigen sicher wissend und lächelnd.

~~~~~~~~~~~~~~~~~~~~~~~~~~~

# 7 – ERLEBNIS DREHARBEITEN AUF DEM TRAUMSCHIFF

Ob Sie nun klassische Kreuzfahrten lieben oder nicht – eine Reise mit dem Traumschiff müssen Sie einfach einmal erlebt haben. Und sei es nur, damit Sie dann mitreden können. Regelmäßig finden Dreharbeiten des ZDF an Bord des aktuellen Traumschiffs statt. Die Internetseite der Reederei informiert dazu frühzeitig. Natürlich werden bestimmte Bereiche des Schiffes zu einigen Zeiten für die normalen Passagiere gesperrt. Alle Informationen dazu finden Sie aber immer im aktuellen Tagesprogramm an Bord. Es ist jedoch fast immer möglich, auch als Zaungast den Dreharbeiten beizuwohnen. Häufig werden auch Komparsen unter den Passagieren gesucht. Sie sind auf Kreuzfahrt und demnächst im Fernsehen zur besten Sendezeit zu sehen? Ein einzigartiges Souvenir einer Reise auf dem Traumschiff, oder? Die Schauspieler, die mit Ihnen reisen, treffen Sie übrigens die ganze Fahrt über sehr zwanglos in allen öffentlichen Bereichen und natürlich auch auf Landgängen. Es ist also ganz normal, nachmittags neben ihnen auf der Liege zu entspannen oder gemeinsam morgendliche Fitnessübungen zu absolvieren. Wenn Ihnen dann noch ein gemeinsames Foto gelingt, war es doch eine erfolgreiche Kreuzfahrt. Und Sie persönlich haben auch nach der Reise noch etwas von diesem Erlebnis. Die Freude nämlich, gepaart mit unzähligen, eigenen Erinnerungen, wenn Ihre Folge im Fernsehen zu Weihnachten oder am Neujahrstag ausgestrahlt wird.

***Brinas Tipp:*** ～～～～～～～～～～～

Diese Destination wird neben anderen norddeutschen Reisezielen erfreulicherweise oft bei Kurzreisen von Reedereien angeboten und somit ist die elitäre Insel Sylt auch als Tagesgast erschwinglich.

～～～～～～～～～～～～

# 8 – ERLEBNIS SYLT

Sylt, die größte nordfriesische Insel, mit einem Kreuzfahrt-schiff anzusteuern, ist ein ganz besonderes Vergnügen, denn die ungewöhnliche Form der Insel beschert schon bei dem Anlauf interessante Ausblicke. Die meisten Schiffe gehen nördlich vor List auf Reede und es wird mit den Rettungsbooten getendert. An Land angekommen, haben Sie zunächst einmal eine ungewöhnliche Kulisse: Sie können Selfies mit dem Kreuzfahrtschiff im Hintergrund machen. Natürlich bieten sich von List aus reizvolle Ausflüge über die komplette Insel an (Es verkehren auch Busse). Wer jedoch in das Fischerlebnis eintauchen mag, wird im Gosch-Imperium vor Ort schnell fündig. In den letzten Jahren haben sich außerdem viele weitere Geschäfte am Hafen angesiedelt, sodass dort auch nach Herzenslust geshoppt werden kann. Nur einen Steinwurf entfernt ist der Besuch des Erlebniszentrums Naturgewalten möglich, einer multimedialen Ausstellung rund um das Thema Küstenschutz. Für einen Strandbesuch oder eine Wanderung bietet der nördlichste Teil von Sylt, der Ellenbogen, alle Möglichkeiten. Es lohnt sich, diese langgestreckte Halbinsel zu erkunden, die tief in die Nordsee hineinragt. Höchstwahrscheinlich umrunden Sie diese aber auch nach dem Ablegen des Kreuzfahrtschiffes und auch dann bieten sich natürlich noch schöne Ausblicke auf das Land. Mal anders nach Sylt fahren kann ich einfach nur empfehlen, ob Sie die Insel nun schon kennen oder nicht.

***Brinas Tipp:*** ～～～～～～～～～～～～～

Viele Erlebnisse und Erfahrungen dieser Reise können Sie in meinem Roman *115 Tage an Tisch 10 – Wellengeflüster auf Weltreise* nachlesen oder eher sachliche Informationen dem Bildband *Kreuzfahrt um die Welt – 115 Tage unterwegs auf allen Meeren* entnehmen.

～～～～～～～～～～～～～～～～～～

# 9 – ERLEBNIS EINMAL UM DIE WELT

Die Welt mit einem Kreuzfahrtschiff einmal zu umrunden, gilt als Königsdisziplin der Kreuzfahrten und ich kann Ihnen nur empfehlen, sich dieser Erfahrung zumindest einmal in ihrem Leben auszusetzen. Ich selbst habe eine viermonatige Kreuzfahrt um die Welt erleben dürfen. Dabei umrundete ich die Südhalbkugel mit Südamerika, der Südsee, Australien / Ozeanien und Südafrika von Italien aus. Glauben Sie mir, es war eine einzigartige Erfahrung, die ich nicht missen möchte, aber auch nicht zwingend wiederholen muss. Allein die Vorbereitungen haben über ein Jahr gedauert und nach der Reise benötigte ich geschlagene drei Monate, um mich wieder im normalen Alltag einzufinden. 115 Tage reiste ich mit der Costa Deliziosa und verbrachte neben spannenden Landgängen auch 68 Seetage an Bord. Allein diese Zeit nur auf See benötigt eine gute Selbstdisziplin und forderte so manches Mal ein hohes Maß an Einfühlungsvermögen im Einklang mit den anderen Passagieren an Bord. Das große Kreuzfahrtschiff mutierte nämlich zu einem kleinen Dorf und alles, was es in einem solchen gibt, das gab es auch auf dieser Reise. So freute ich mich einfach, nach 115 Tagen den Ausganghafen Savona wieder zu erreichen. Nichts Schlimmes war mir passiert in den vier Monaten. Ich war gesund geblieben, war nicht ausgeraubt worden und mein Mann und ich waren immer noch ein Paar.

*Brinas Tipp:* ~~~~~~~~~~~~~~~~~~~~~~~~~

Sie wollen unbedingt an den Kapitänstisch? Suchen Sie bei klassischen Kreuzfahrten vom ersten Tag an den intensiven Kontakt zu der Chefhostess und sprechen Sie über Ihren Wunsch.

~~~~~~~~~~~~~~~~~~~~~~~~~

# 10 – Erlebnis Abendessen am Kapitänstisch

Die Sendung Das Traumschiff hat dem Erlebnis Abendessen am Kapitänstisch nach meiner Ansicht den Stempel erlebenswert und unvergesslich aufgedrückt. Das ist es auch, wenn es auch manchmal ganz anders abläuft als im Fernsehen. Ich wurde in meiner langjährigen Kreuzfahrtlaufbahn des Öfteren und aus verschiedenen Gründen an den traditionellen Kapitänstisch gebeten, der auf kleinen Klassikern immer in Kombination mit einem Gala-Abend stattfindet. Dabei ist die Auswahl der Gäste Sache der Reederei. Sie können eingeladen werden, ob Sie nun Erstfahrer sind oder Wiederholer. An diesem Abend empfiehlt es sich auf jeden Fall, dem Dresscode Gala zu folgen, denn die Blicke im kompletten Speisesaal werden teilweise auch neidisch auf Sie gerichtet sein. Ist es nun wirklich spannend, mit dem Kapitän zu Abend zu essen? Ja, das ist es, denn meistens kann man mit ihm ein paar persönliche Worte wechseln. Sie werden überrascht sein über seine Antwort, wo er seinen Urlaub verbringt. Bei meinem letzten Kapitänsdinner erlebten wir den perfekten Sonnenuntergang über dem Meer. Ich sprang auf und fotografierte ihn. Als ich dem Kapitän danach begeistert mein Foto zeigte, lächelte er freundlich, erklärte mir aber, dass der Zauber von Sonnenaufgängen und -untergängen bei ihm längst verloren gegangen sei, nach seinen vielen Arbeitsjahren auf der Brücke. Sie sehen, ein Abend am Kapitänstisch kann auch sehr ernüchternd sein, aber er ist in jedem Fall ein wunderbares Erlebnis.

***Brinas Tipp:*** ~~~~~~~~~~~~~~~~~~

Auf dem Friedhof La Recoleta sind fast immer geführte Gruppen unterwegs. Haben Sie keine Lust, das Grab von Evita Perón selbst zu suchen, gehen Sie einfach dem Gruppenführer hinterher.

~~~~~~~~~~~~~~~~~~

# 11 – ERLEBNIS BUENOS AIRES

Buenos Aires, schon der Name klingt nach dem klassischen Tango – Tango Argentino. Wenn Sie Glück haben, dann hören sie ihn, ob im Taxi auf der Fahrt durch die Stadt oder in einer der klassischen Tango-Shows, die allabendlich überall geboten werden. Doch diese Stadt hat auch tagsüber viel mehr zu bieten als nur Tanz. Schlendern Sie durch sie hindurch und schauen Sie nach oben, dann werden Sie Gebäude sehen, die Ihnen den Atem rauben. Buenos Aires ist so melancholisch mit der Pracht seiner Vergangenheit. Immer wieder werden Sie auf dem Streifzug durch die Stadt auf grüne Oasen oder Plätze gelangen, die sie verzaubern. Lassen Sie sich auf diese Stadt, und wie sie sich anfühlt, ein, Sie werden es nicht bereuen. Hier kann man einfach mal die Seele baumeln lassen und übrigens auch tagsüber Tango auf der Straße tanzen. So kommt man direkt mit den überaus freundlichen Einwohnern ins Gespräch. Nach so viel Melancholie ist ein Besuch auf dem Friedhof La Recoleta dann die Krönung. Dort gibt es prächtige Mausoleen verschiedenster Architekturperioden zu bestaunen. Am Grab von Evita Perón verschlug es mir vor Ehrfurcht den Atem. Man muss es suchen, es befindet sich vom Eingang aus gesehen weit hinten auf der linken Seite. Verpassen sollten Sie aber auch nicht, an der neuen Waterfront in eines der Steakhäuser einzukehren. Das argentinische Rindersteak gilt nach wie vor als das beste Fleisch der Welt.

*Brinas Tipp:* ~~~~~~~~~~~~~~~~~~~~~

Besonders interessant ist eine Flusskreuzfahrt auf dem Rhein vorbei an der Loreley, wenn man es mit dem Event *Rhein in Flammen* im August verbindet und dann noch das Feuerwerk über St. Goar on top erlebt.

~~~~~~~~~~~~~~~~~~~~~

# 12 – ERLEBNIS PASSAGE DER LORELEY

Die Passage der Loreley, einem 132 Meter hohen Schieferfelsen, mit einem Flusskreuzfahrtschiff ist eine Tour, die man unbedingt einmal mit einem Flusskreuzfahrer erleben sollte. Die Loreley befindet sich am rechten Rheinufer, am Rheinkilometer 555 gegenüber von St. Goar auf der Strecke zwischen Koblenz und Rüdesheim. Um die weibliche Gestalt ragen sich viele, ganz unterschiedliche Sagen. Bereits im Mittelalter galt die Passage der Loreley als schwierig, denn Felsen unter Wasser und natürliche Sandbänke ließen die Wassermassen damals unterschiedlich schnell an dieser Stelle fließen. So mancher Schiffer verlor hier sein Boot. Im letzten Jahrhundert wurden jedoch die meisten gefährlichen Riffe gesprengt und die Sandbänke ausgebaggert. Das Fahrrisiko ist jedoch bis heute geblieben, vor allem bei unterschiedlichen Wasserständen. Sie als Passagier werden aber nichts davon merken. Die meisten Flusskreuzer spielen bei der Vorbeifahrt das berühmte Lied der Loreley von Heinrich Heine und meistens singen alle Gäste enthusiastisch mit. Warum nicht also auch Sie? Die meisten Flussreedereien bieten Fahrten auf dem Rhein nahezu ganzjährig an, sodass Sie hier eher die Qual der Wahl haben. Jede Jahreszeit hat natürlich ihren eigenen Reiz, mich persönlich fasziniert der Herbst, wenn die unterschiedlichen Laubverfärbungen der Blätter diese Passage noch zusätzlich bereichern.

*Brinas Tipp:* ~~~~~~~~~~~~~~~~~~~~~~~~~~~

Da auch die Taufe eines Kreuzfahrtschiffes wirklich beeindruckend ist, empfehle ich Ihnen nach einer Kombination zu suchen. Das wird inzwischen von vielen Reedereien angeboten. So bekommen Sie das Erlebnis Jungfernfahrt & Taufe in einem Paket.

~~~~~~~~~~~~~~~~~~~~~~~~~~~~~~~~~

# 13 – ERLEBNIS JUNGFERNFAHRT

Die Jungfernfahrt mit einem Kreuzfahrtschiff zu unternehmen, ist eine Erfahrung, die ich Ihnen auch nur ans Herz legen kann. Vergessen Sie allerdings die Vorstellung, dass Sie dann der / die Erste sind, die in dem neuen Bett schläft. Alle Reedereien führen vor der offiziellen Jungfernfahrt, die im Kreuzfahrtjargon nur schlicht JFF genannt wird, Testfahrten mit Vertretern der Presse und Reisebüromitarbeitern durch. Doch als Gast sind Sie dann wirklich der Erste, der das neue Produkt erleben darf. Ein gewisser Zauber liegt darin, aber auch ein wenig Pionierarbeit, denn oft sind die Abläufe an Bord in allen Bereichern noch nicht vollständig eingespielt. Vielleicht bemerken Sie das sogar schon beim Check-in. Auch im Service kann es schon mal ein wenig länger dauern und auch der Kabinensteward hat vielleicht Ihre Kabine nicht direkt nach dem Frühstück fertig. Bei einer Jungfernfahrt sollte also ein wenig Geduld und Toleranz mit im Reisegepäck verstaut werden. Meine erste Jungfernfahrt unternahm ich mit einem deutschsprachigen Produkt, aber die internationale Crew war noch längst nicht fit in unserer Sprache. Sie bekamen dafür extra nach ihren Schichten Unterricht von einer Deutschlehrerin. Am Abend halfen mein Mann und ich ihnen gern bei ihren Hausaufgaben, wenn sie einmal nicht weiterwussten und wir knüpften dabei spontan nette Kontakte mit anderen Mitreisenden.

*Brinas Tipp:* ~~~~~~~~~~~~~~~~~

Gehen Sie am Anreisetag direkt in den Spa-Bereich und fragen Sie gezielt nach Sonderangeboten während der Reise. Idealerweise haben Sie sich vorher schon über die Preise auf der Internetseite der Reederei informiert.

~~~~~~~~~~~~~~~~~~~~~~~~~~~~~~~

# 14 – Erlebnis Massage an Bord

Sicher fragen Sie sich jetzt, warum ich Ihnen empfehle, einmal eine Massage an Bord zu machen? Das ist doch viel teurer als an Land, werden Sie jetzt vielleicht denken. Ja, das stimmt, aber wenn Sie ein wenig pfiffig sind, dann werden Sie entdecken, dass alle Reedereien im Laufe der Kreuzfahrt Spezialangebote und interessante Preisnachlässe auf ihre Massagen anbieten. Besonders interessante Angebote gibt es an den Hafentagen. Warum nicht am Morgen nach dem Frühstück mit einer entspannenden Massage in den Tag starten und die angelaufene Stadt, die Sie vielleicht auch schon kennen, am Nachmittag erkunden? Das geht natürlich auch anders herum. Außerdem haben Sie Urlaub und so einfach auch mal Zeit, die Sie für sich frei verwenden können. Inzwischen gibt es auf allen Kreuzfahrtschiffen eine große Auswahl an Massage-Anwendungen. Probieren Sie doch mal eine Hot-Stone-Massage, das ist eine Anwendung, bei der Sie abwechselnd mit kalten und heißen Steinen berührt werden und der Entspannungseffekt danach ist unvergleichbar hoch. Auch die Lomi-Lomi-Anwendung, eine traditionelle, hawaiianische Massage, ist einer meiner Top-Favoriten. Diese Massage hat den Anspruch, nicht nur den Körper, sondern auch den Geist zu behandeln. In der Landessprache bedeutet Lomi übrigens so viel wie reiben, kneten und drücken, nur damit Sie wissen, was Sie erwartet!

***Brinas Tipp:*** ～～～～～～～～～～～～

Suchen Sie sich für die Passage rechtzeitig das höchstmögliche Deck an Bord aus, denn nicht nur die Aussicht auf den Felsen ist spannend, sondern auch die auf die Meeresströmungen.

Achten Sie aber auch auf einen geschützten Standort, denn windbedingt ist es nicht immer ganz einfach, die Kamera ruhig zu halten.

～～～～～～～～～～～～

# 15 – ERLEBNIS KAP HOORN

Die Kap Hoorn-Umrundung ist ein echtes Pflichtprogramm für jeden Kreuzfahrer, zumindest für die Vielfahrer. Dabei werden Sie überrascht sein, denn der südlichste Punkt Chiles ist ein Felsen, also eine Insel im Meer und nicht, wie man annehmen könnte, Festland. Bis zur Eröffnung des Panamakanals im Jahr 1914 war das Kap, neben der Magellanstraße, eine sehr bedeutende Schifffahrtsroute von Richtung Europa aus nach Chile und an die Westküste Südamerikas. Wenn also wenig Seegang herrscht und das Kreuzfahrtschiff diesen Felsen umrunden kann, ist man zunächst erstaunt, wie grün er ist. Mit 280 Regentagen im Jahr ist dies aber kein Wunder. Sich warm anzuziehen ist in jedem Fall eine gute Empfehlung, denn die jährlichen Durchschnittstemperaturen betragen um die 12 Grad Celsius und die Winde sind selbst bei geringem Seegang sehr stark. Es ist ein ganz besonderer und emotionaler Moment für jeden Kreuzfahrer, denn diese Region um das Kap beherbergt den wohl größten Schiffsfriedhof der Welt. Fühlen Sie sich also ruhig stolz in diesem Moment: Auf ihren Kapitän, sich selbst und auf die Urkunde der Kap Hoorn-Umrundung, die in den meisten Fällen am Abend auf der Kabine liegen wird und vielleicht fortan auch Ihre maritime Galerie daheim zieren wird? Herzlichen Glückwunsch, Sie sind nun ein echter Kap Hoornier!

***Brinas Tipp:*** ~~~~~~~~~~~~~~~~

Wer nach dem Rundgang durch Tallinn müde Beine hat, findet an allen Stadtausgängen die beliebten Velo-Taxis zum Rücktransport in den Hafen.

~~~~~~~~~~~~~~~~~~~~~~

# 16 – Erlebnis Tallinn

Der Hafen von Tallinn ist auf einer Baltikum-Kreuzfahrt in der Ostsee fast immer mit dabei und er ist nach wie vor mein Geheimtipp, wenn auch die Stadt Tallinn sich im Laufe der letzten zehn Jahre aufgrund der vielen Kreuzfahrtanläufe gewandelt hat. Während es früher nur eine Pier für zwei Kreuzfahrtschiffe gab, hat sich inzwischen die Anzahl verdoppelt. Tallinn ist die Hauptstadt Estlands und auch die größte Stadt des Landes mit ca. 430.000 Einwohnern. Haben Sie das Pech und außer ihrem Kreuzfahrtschiff sind noch drei weitere vor Ort, können sich also schon mal 8.000 oder mehr Passagiere durch die kleinen, malerischen Gassen dieser eigentlichen Perle schieben. In den Hauptstraßen finden Sie heute edle Designergeschäfte und leider auch eine hohe Anzahl von Fast-Food-Restaurants. Estland hat damit auf die Nachfrage reagiert. Tallinn und seinen Charme können Sie aber immer noch kennenlernen, wenn Sie sich abseits der Hauptstraßen bewegen. Dort finden Sie noch die kleinen, individuellen Geschäfte und auch Restaurants, die landestypische Gerichte anbieten. Der russische bzw. skandinavische Einschlag ist der estnischen Küche deutlich anzumerken. Mein absoluter Favorit sind die Piroggen oder Pelmeni. Das sind Maultaschen aus Nudelteig, die mit Fleisch, Sauerkraut, Pilzen und Quark gefüllt sind. Vom Hafen aus ist es übrigens nur ein kurzer Fußweg bis zum Stadttor.

*Brinas Tipp:* ~~~~~~~~~~~~~~~~~~~~~~~~~

Die meisten Reedereien schreiben in ihren Programmen nur Tagespassage Nord-Ostsee-Kanal. Das hängt damit zusammen, dass tagesabhängig nicht auf die Stunde festgelegt werden kann, wann genau das Schiff in die Schleusen einfahren kann. Achten Sie auf dieses Wort bei der Auswahl Ihrer Kreuzfahrt!

~~~~~~~~~~~~~~~~~~~~~~~~~

# 17 – ERLEBNIS FAHRT DURCH DEN NORD-OSTSEE-KANAL

Mit einem Kreuzfahrtschiff durch den knapp 100 Kilometer langen Nord-Ostsee-Kanal zu fahren ist ein Erlebnis, das Sie sich schon landschaftlich gesehen nicht entgehen lassen sollten. Jährlich passieren ihn um die 30.000 Schiffe. Er zählt weltweit zu den am meisten frequentierten, künstlichen Wasserstraßen für Seeschiffe. Von April bis Oktober fahren zwischen 60 und 70 Kreuzfahrtschiffe durch den Kanal. Die Passage dauert ca. 8 Stunden. Jeweils am Beginn und am Ende – in Kiel-Holtenau und in Brunsbüttel – befindet sich eine Schleuse. Es ist im Prinzip egal, ob Sie von Norden nach Süden oder umgekehrt den Kanal befahren, wichtig ist, dass Sie sich eine Kreuzfahrt mit einer Tagespassage aussuchen, um kein Highlight zu verpassen. Eine abendliche Einfahrt zum Sonnenuntergang ist natürlich auch ein Erlebnis, wenn Sie es mögen, später lediglich die Lichter an Land und die zahlreichen, beleuchteten Brücken zu bewundern, die den Kanal überspannen. Die 42 Meter hohe Rendsburger Eisenbahnbrücke mit ihrer Schiffsbegrüßungsanlage ist wohl die größte Attraktion. Hier wird jedes Schiff genau vorgestellt und es wird erklärt, woher es kommt und wohin es fährt. Danach wird die Nationalhymne aus dem Herkunftsland des Schiffes gespielt und als Seefahrergruß am großen Flaggenmast die deutsche Flagge gehisst. Interessant ist aber auch in jedem Fall die Einfahrt und die Ausfahrt in die Schleusen bei Kiel und Brunsbüttel.

*Brinas Tipp:* ～～～～～～～～～～～～～～～～～～

Ein einzigartiges Urlaubsfoto ist Ihnen garantiert und ein großer Spaß für die Lieben daheim, die später raten dürfen, was an diesem Bild eigentlich so einzigartig ist.

～～～～～～～～～～～～～～～～～～

# 18 – ERLEBNIS WENDEKREISE

Vermutlich haben Sie bisher entweder noch gar nicht oder nur nebenbei von dem Wendekreis des Krebses oder des Steinbocks und ihrer Bedeutung für die Seefahrt gehört. Die Wendekreise sind die Breitenkreise nördlicher und südlicher Breite. Das Besondere ist, dass am Mittag auf ihnen die Sonne im Zenit steht. Sie haben vom Äquator einen Abstand von 2.609 Kilometer und sind ca. 36.700 km lang. Der Abstand zwischen dem nördlichen und dem südlichen Wendekreis wird als Tropen bezeichnet. Was diese Wendekreise so speziell macht, erfuhr ich erst auf meiner Kreuzfahrt um die Welt am südlichen Wendekreis, dem Wendekreis des Steinbocks. Lässt man sich nämlich an einem Punkt an Bord fotografieren, wo eine direkte Sonneneinstrahlung von oben gegeben ist, wirft man mit seinem Körper so gut wie keinen Schatten. Der südliche Wendekreis durchläuft den Süden Afrikas, den Indischen Ozean, Australien, den Pazifik, Südamerika und den Südatlantik. Der Nördliche geht durch die Sahara, die Arabische Halbinsel, den Süden Chinas und Mexiko. Die Wendekreise verschieben sich übrigens jährlich in Richtung Erdäquator. In vielen Länder, durch die die Wendekreise gehen, ist ihnen auch ein Denkmal gesetzt, wie zum Beispiel in Taiwan oder Australien. Der nördliche Wendekreis hat sogar eine völkerrechtliche Relevanz, denn er begrenzt den Wirkungsbereich der NATO nach Süden hin.

*Brinas Tipp:* ～～～～～～～～～～

Haben Sie vor, eine Balkonkabine zu buchen, achten Sie unbedingt darauf, dass sie sich auf der rechten Seite befindet, also auf der Steuerbordseite. So können Sie das Auslaufen aus Hamburg auf ihrem Balkon ganz allein für sich genießen.

～～～～～～～～～～

# 19 – ERLEBNIS KREUZFAHRT AB HAMBURG

In Hamburg sagt man Tschüss sang schon einst Heidi Kabel und ich kann Ihnen eine Ausfahrt aus der Hansestadt Hamburg als Start für eine Kreuzfahrt nur ans Herz legen. Inzwischen starten die Kreuzfahrtschiffe bereits von drei Terminals. Versuchen Sie unbedingt, ein Kreuzfahrtschiff zu buchen, dass seinen Liegeplatz in der HafenCity hat. Das Terminal besteht zwar nur aus einer einfachen Halle, inzwischen ohne Restauration, aber so haben Sie die komplette Hamburg-Ausfahrt auf einen Streich und wenn Sie Glück haben, passieren Sie am Anleger Hamburg Cruise Center Altona noch ein zusätzliches Schiff. Danach geht es dann zunächst an der Elbphilharmonie, Elphi genannt, vorbei, es folgen die Landungsbrücken mit der Cap San Diego und der Rickmer Rickmers, an denen Sie direkt vorbeiziehen. Besonders schön sind später auch die Landblicke auf den Hamburger Ortsteil Blankenese mit seinen kleinen Kapitänshäusern und großen Villen sowie eigenen Stränden. Es lohnt sich in jedem Fall auch, die Passage des Schulauer Fährhauses abzuwarten, denn dort befindet sich die Schiffsbegrüßungsanlage Willkomm-Höft. Sie wurde bereits 1952 eingerichtet. Die Hamburger Flagge wird an Land dann kurz gesenkt und das internationale Flaggensignal für Gute Reise mit den Buchstaben U und W wird gehisst. Ihr Kreuzfahrtschiff grüßt zurück, entweder ebenfalls duch Senken der Flagge oder durch einen Ton aus seinem Typhon. Maritimer kann eine Kreuzfahrt kaum beginnen.

***Brinas Tipp:*** ~~~~~~~~~~~~~~~~~~~~

Meistens ist am Ende der Küchenführung ein kleines Sparschwein für die Crew aufgestellt. Vergessen Sie also nicht, ein wenig Bargeld mitzunehmen.

~~~~~~~~~~~~~~~~~~~~

# 20 – ERLEBNIS KÜCHENFÜHRUNG

Was Sie in der Küche eines Kreuzfahrtschiffes sollen? Nun, die Einblicke in eine Großküche sind immer faszinierend, erst recht auf See. Manche Reedereien bieten das Erlebnis Küchenführung als kostenpflichtigen Programmpunkt an, andere laden zu diesem ihre wertvollen Vielfahrer als Goodie ein. Wenn Sie sich dafür interessieren, ist es ratsam, gleich am ersten Tag an der Rezeption nachzufragen, ob ein Event dieser Art geplant ist und sich dann auch gleich bei Interesse anzumelden. Über die Reedereien hinweg werden die Küchenführungen ganz unterschiedlich gestaltet. Ich habe schon alles erlebt, von Führungen mit kleinen Verkostungen bis hin zur Küchenparty, wo auch aktives Show-Cooking geboten wurde. Sie werden überrascht sein, wie sauber es in den Küchenbereichen zugeht und über die Dimensionen der Kochtöpfe und Pfannen staunen. Manchmal wird sogar vorher für die Besucher Schutzkleidung ausgegeben, um jegliche Gefahr der Einführung von Bakterien in die Küche zu vermeiden. Nicht selten wird bei den Führungen auch ein Blick in eines der Proviantläger ermöglicht, da werden Sie dann richtig ins Staunen kommen. In den Küchenbereichen werden Sie außerdem auf Mitarbeiter treffen, die Sie die ganze Reise lang nicht sehen werden, die aber alle für Ihr leibliches Wohl fast 24 Stunden am Tag sorgen und die sich freuen, Sie zu sehen. Schenken Sie ihnen Ihr Lächeln!

***Brinas Tipp:*** ~~~~~~~~~~~~~~~~~~~~~~~~~~~~~

Sollten Sie nicht das Glück haben, direkt vor dem Stadtteil *The Rocks* zu liegen, dann entdecken Sie vielleicht vom Meer aus, auf Reede liegend, speziell am Abend aus einiger Ferne den ganz eigenen Zauber dieser Skyline, die in der Nacht funkelt wie 1.000 Diamanten.

~~~~~~~~~~~~~~~~~~~~~~~~~~~~~~~~~~

# 21 – ERLEBNIS SYDNEY

Spätestens wenn man beim Einlaufen das erste Mal die Umrisse der berühmten Oper sieht, wird einem klar, dass man wirklich in Australien angekommen ist. Mindestens genauso spannend wie die Oper ist auch die Harbour Bridge, die den Hafen umspannt und die, wenn man sie genau betrachtet, wie ein Kleiderbügel aussieht. Bei ihr lohnt es sich tatsächlich, das Fernglas auszupacken, denn so kann man die Abenteurer beobachten, die diese Brücke bis zu ihrer höchsten Stelle erklimmen. An Land bietet Sydney seinen Besuchern alle Facetten: Tiere, Shopping, Museen, Gastronomie, man hat wirklich die Qual der Wahl an Aktivitäten. Zu empfehlen ist unbedingt ein Besuch in der Oper (im Inneren darf nicht fotografiert werden) und im benachbarten Bezirk Darling Harbour. Dort finden Sie, neben vielen Restaurants, der Wildlife Experience oder dem Hard Rock Café, wenn Sie Glück haben von Zeit zu Zeit sogar echte Nachkommen der Ureinwohner Australiens, der Aborigines, die auf ihrem Digeridoo spielen und sich über eine kleine Anerkennung in Form von ein paar Münzen freuen.

Obwohl Sydney mit 4,6 Millionen Einwohnern die größte Stadt Australiens ist, hat sie nur einen kleinen Hafen, in dem nur ein Kreuzfahrtschiff anlegen kann (Stand 2019). Der von mir beschriebene Bezirk ist gut vom Hafen aus zu Fuß zu erreichen und bietet auf kleiner Fläche eine hohe Vielzahl an Erlebnissen.

*Brinas Tipp:* ～～～～～～～～～～～～～～～

Bereits die Anreise zum Ort Geiranger durch den Fjord beinhaltet zahlreiche Highlights. Es lohnt sich also, rechtzeitig aufzustehen, damit Sie nichts verpassen. Meist steigen morgens in Hellesylt Passagiere für den Ganztagesausflug aus. Nach dem Ablegen von dort ist auf jeden Fall der geeignete Zeitpunkt, um an Deck zu bleiben oder zu kommen.

～～～～～～～～～～～～～～～

# 22 – Erlebnis Geirangerfjord

Die Einfahrt mit einem Kreuzfahrtschiff in den bekanntesten Fjord Norwegens, den Geirangerfjord, sollten Sie unbedingt auch einmal erleben. Der Fjord liegt Luftlinie ca. 200 Kilometer von Bergen entfernt und gehört seit 2005 zum UNESCO-Weltnaturerbe. Genau deshalb wird aktuell in den Medien darüber informiert, dass Norwegen künftig keine Kreuzfahrtschiffe mehr in den Fjord hineinlassen möchte, die mit Schweröl betrieben werden. Die Anforderungen werden ab 2020 dann bis 2026 jährlich weiter verschärft. Ein guter Grund, seine Kreuzfahrt nach Norwegen und in den Geirangerfjord nicht auf die lange Bank zu schieben. Der Fjord ist 15 Kilometer lang und schon bevor man am Ende den Ort Geiranger erreicht, über dem der 1.476 Meter Hohe Berggipfel Dalsnibba thront, gibt es interessante Ausblicke in die Natur und ihre Tierwelt. Hier leben Elche, Rehe, Hirsche an Land und Otter und Schweinswale im Wasser, um nur einige Tiere zu nennen, die Sie bei der morgendlichen Einfahrt oder abendlichen Ausfahrt vielleicht beobachten können. Imposant sind ebenfalls die hoch gelegenen Bauernhöfe an den Abhängen des Fjordes, die teilweise auch heute noch bewirtschaftet werden. Ebenso warten zwei großartige Wasserfälle darauf, von Ihnen bestaunt zu werden. Um die großen Wasserfälle Die Sieben Schwestern und den Freier rankt sich sogar eine Sage. Im Ort Geiranger wartet neben einem hübschen Troll aus Holz dann auch fantastisches Softeis. Unbedingt aber sollten Sie mit einem Fahrzeug die Adlerstraße hinauffahren. Sie schlängelt sich in elf Serpentinen hinauf zum nächsten Ort und bietet in ihren Kehren immer wieder wundervolle Ausblicke auf den Fjord und Ihr Kreuzfahrtschiff.

*Brinas Tipp:* ∿∿∿∿∿∿∿∿∿∿∿∿∿

Seien Sie diskret mit den Promis, denn auch eine Berühmtheit mag nicht zu jeder Tageszeit angesprochen werden. Mit dem nötigen Feingefühl aber werden Sie bestimmt einen Kontakt knüpfen oder ein schönes Selfie als Erinnerung ergattern.

∿∿∿∿∿∿∿∿∿∿∿∿∿

## 23 – Erlebnis Themen- oder Mottoreise

In den letzten Jahren boomen sie, die Themen- oder Mottoreisen auf See. Ein früher Vorreiter war Udo Lindenberg, der im Jahre 2010 erstmals mit seinem Format Rock Liner in See stach und Fans, die sicher teilweise nie eine Kreuzfahrt gebucht hätten, damit auf das Meer lockte. Ich war damals dabei und amüsiere mich noch heute über eine Truppe junger Männer, deren Frauen ihnen Anzüge eingepackt hatten, weil sie doch auf eine Kreuzfahrt gingen. Gebraucht haben sie diese natürlich nicht. Die Kreuzfahrt-Themenreisen, fast quer über alle Reedereien, bedienen heute unterschiedliche Musikrichtungen, aber auch Kochevents, Fitness & Lifestyle und sogar Erotik. Interessieren Sie sich also für das Erlebnis Themen- oder Mottoreise, so finden Sie inzwischen eine große Auswahl. Zumeist handelt es sich dabei um Kurztouren mit einer Dauer von drei bis fünf Tagen. Eine gute Gelegenheit, einmal eine neue Reederei für sich kennenzulernen, wenn auch das Publikum immer ein anderes als bei einer normalen Reise sein wird. Wer seinen persönlichen Star einmal hautnah erleben mag, der ist ebenfalls mit einer Reise dieser Art gut bedient, denn anders als an Land, bleiben die Künstler an Bord und ob am Buffet oder an der Rezeption, Sie haben ihn dann zum Greifen nah und haben meist auch Gelegenheit, ein paar Worte mit ihm zu wechseln.

*Brinas Tipp:* ～～～～～～～～～～

Der Frühschoppen ist nicht so Ihr Ding, aber gegen ein Bier hätten Sie nichts einzuwenden? Auch so ein Event wird vorbereitet. Sichern Sie sich also möglichst rechtzeitig einen Platz in Barnähe und schwups werden Sie mit dem Bier noch vor der offiziellen Eröffnung versorgt und können es entspannt irgendwo an einem ruhigen Platz im Inneren des Schiffes genießen.

～～～～～～～～～～～～～～～～～

# 24 – ERLEBNIS TRADITIONELLER FRÜHSCHOPPEN

Ja, es gibt sie noch die traditionellen Frühschoppen an Bord von Kreuzfahrtschiffen. Gern werden sie auf dem Pool-Deck am Vormittag eines Seetags angeboten. Zumeist gibt es deftige bayrische Speisen. Das Deck ist in blau-weiß dekoriert und manche Reederei lockt mit dem begehrtesten Bier der Welt – dem Freibier. Der DJ spielt dazu deutsche Schlager und das nette Animationsteam tauscht seine Poloshirts gegen fesche Lederhosen und Dirndl. Entsetzlich, finden Sie? Lassen Sie sich doch auf den Spaß mal ein! Sie haben Urlaub und ihre Nachbarn und Bekannten zu Hause sehen Sie schließlich nicht. Außerdem ist die Dauer eines Frühschoppens endlich, denn der Beginn des Mittagessens setzt dem fröhlichen Treiben an Deck dann schnell ein Ende und der Zauber ist vorbei. Ich kann Sie zu dem Erlebnis nicht überreden? Macht nichts. Dann nutzen Sie die Frühschoppen-Zeit einfach anderweitig, denn üblichwerweise wird der Frühschoppen immer an einem Seetag durchgeführt. Nie werden Sie so entspannt in den Bordboutiquen einkaufen gehen können oder die Sauna fast für sich allein haben, als zu der Laufzeit dieses Events. Interessant für diesen Zeitpunkt wäre dann auch das Erlebnis Massage auszuprobieren, das ich in einerm früheren Kapitel ausführlich erläutert habe.

*Brinas Tipp:* ～～～～～～～～～～～～～～

Ich empfehle Ihnen, bei dieser Destination
möglichst den Ausflug der Reederei zu buchen,
der Sie vom Hafen in Honningsvåg zum Kap
hinaufbringt, denn Taxen sind selten im Hafen
oder meist bereits vorgebucht.

～～～～～～～～～～～～～～

## 25 – ERLEBNIS NORDKAP

Das berühmte Nordkap ist natürlich auch auf dem Landweg zu erreichen. Der Reiz, das Nordkap mit einem Kreuzfahrtschiff anzufahren, liegt aber an dem Seeweg. Der erste Blick auf die berühmte Kugel, genannt der Globus, vom Meer aus bei gutem Wetter deutlich zu erkennen, ist ein wahrer Gänsehautmoment. Der Globus ist eine Skulptur und das Wahrzeichen des Kaps. Sie steht auf einem Podest und ist Sinnbild eines Treffpunktes, an dem sich Menschen aus allen Ländern der Erde begegnen sollen. Versäumen Sie also nicht, bei Ihrem Besuch dort für ein Foto zu posieren. Leider kann ich Ihnen nicht den optimalen Reisemonat für Ihre Nordkap-Tour empfehlen. Ich besuchte das Kap einst im Juni bei strahlendem Sonnenschein. Es war Mittsommer und selbst in einem leichten Pullover war es mir am Abend bei 20 Grad fast zu warm. Vor Ort lernte ich ein nettes Ehepaar aus Deutschland kennen, das mit seinem Wohnmobil gekommen war und mir verriet, dass am Tag zuvor nur Nebel und Regen in der Kapregion geherrscht hätten. Es bleibt mir also nur, Ihnen Glück mit dem Wetter für diese Reise zu wünschen und vielleicht, wenn es beim ersten Anlauf nicht klappt, es noch ein weiteres Mal zu versuchen. Mein Aufenthalt dort war so perfekt, dass ich mich ehrlich gesagt nicht an einen zweiten Anlauf traue.

*Brinas Tipp:* ~~~~~~~~~~~~~~~~~~~~~~~~~

Auch für die Gondelfahrt gilt: Wählen Sie Nebengassen, bewegen Sie sich in Wassernähe und halten Sie Ausschau nach einem Gondoliere. Hier sind die Preise für eine Rundfahrt oft deutlich günstiger als direkt am umlagerten Markusplatz.

~~~~~~~~~~~~~~~~~~~~~~~~~~~~~~~~~~

## 26 – Erlebnis Venedig

Das nächste Traumziel erzeugte 2019 durch einen Unfall und einen Beinahe-Crash als Kreuzfahrtdestination negative Schlagzeilen, passend zu den bereits seit einigen Jahren diskutierten Umweltthemen der Gewässer- und Luftverschmutzung. Ich verstehe die Sorgen der Lagunenstadt, doch die Aus- und Einfahrt gehört nun mal mit zu meinen schönsten Kreuzfahrterlebnissen und glauben Sie mir, auch nachdem ich diese auf drei Kreuzfahrten erlebt habe, kann ich mich immer noch nicht entscheiden, ob ich die Ein- oder die Ausfahrt schöner finde. Sichern Sie sich in jedem Fall rechtzeitig einen Platz an der Reling für dieses unvergessliche Erlebnis. Venedig selbst hat so viel zu bieten, dass Sie alles an einem Tag nicht schaffen werden. Neben dem Besuch des Markusplatzes, der Seufzerbrücke, dem Campanile schlendern Sie auch ruhig einmal abseits der Touristenpfade, denn in den kleinen Gassen werden Sie auch noch Restaurants finden, in denen fast nur Italiener verkehren. Dort stimmen dann auch die Preise für Pizza und Pasta und sehr oft steht hier noch eine Mama in der Küche. Natürlich müssen Sie auch unbedingt einmal in ihrem Leben mit den berühmten Gondeln fahren. Der einfachste Weg, sich in Venedig von A nach B zu bewegen, sind übrigens die öffentlichen Wasserbusse, die Vaporetto / Vaporetti genannt werden und ein dichtes Verkehrsnetz bieten.

*Brinas Tipp:* ～～～～～～～～～～～

Oft sind die Restaurants in Sevilla mit einer sehr leistungsstarken Klimaanlage ausgestattet, sodass es sich trotz Wärme empfiehlt, eine leichte Jacke mitzunehmen, wenn Sie einen Restaurantbesuch planen.

～～～～～～～～～～～

## 27 – ERLEBNIS GUADALQUIVIR

Ein besonderes Flusserlebnis ist die Passage des Guadalquivir mit einem kleinen Hochseekreuzfahrtschiff in Andalusien, was bis Sevilla möglich ist. Es handelt sich hierbei um den einzigen schiffbaren Fluss Spaniens. Wundern Sie sich morgens also nicht, wenn Sie in Ihrer Kabine aufwachen und es an Ihrem Fenster kratzt. Das sind Büsche und Sträucher, die von Land aus herüberragen, denn der Fluss ist an einigen Stellen nicht viel breiter als 30 Meter. Eine besondere Herausforderung für jeden Kapitän. Bevor Sie also unsanft geweckt werden, lohnt es sich wirklich zum Sonnenaufgang aufzustehen, um möglichst viel Flora und Fauna dieser Einfahrt nach Sevilla an den Ufern mitzubekommen. Die Stadt Sevilla selbst ist vom Hafen aus sehr gut zu Fuß und in nur wenigen Minuten zu erreichen. Mich hat die Plaza de España mit ihren Gebäuden mehr als beeindruckt, aber auch einfach nur ein Bummel durch die schattigen Gassen ist wunderschön. Ein echter Hingucker ist auch der Glockenturm Giralda. Kulinarisch ist Sevilla eher ländlich orientiert, aber die kalte Suppe Gazpacho sollten Sie unbedingt probieren. Und natürlich die typischen Tapas. Dazu passt hervorragend ein Fino, ein sherryartiger, trockener Weißwein. Übrigens, der erste Weltumsegeler, Ferdinand Magellan, startete seine Reise um die Welt damals in Sevilla. Höchste Zeit, dass Sie auch einmal dort hinfahren. Und das am besten mit einem Kreuzfahrtschiff über den Guadalquivir.

*Brinas Tipp:* ∼∼∼∼∼∼∼∼∼∼∼∼∼∼∼

Buchen Sie also nach Möglichkeit die Passage über die Datumsgrenze von West nach Ost und verlängern Sie Ihre Kreuzfahrt um einen zusätzlichen, geschenkten Tag.

∼∼∼∼∼∼∼∼∼∼∼∼∼∼∼∼∼

# 28 – ERLEBNIS DATUMSGRENZE

Die Datumsgrenze ist eine virtuelle Linie, die durch den Pazifischen Ozean dicht am 180. Längengrad verläuft. Passieren Sie diese Grenze mit einem Kreuzfahrtschiff, ist das Kalenderdatum vor- oder zurückzustellen. Ich bin im Rahmen meiner Weltreise von Ost nach West gereist und haben einen Tag übersprungen. Das fühlte sich zugegebenermaßen seltsam an, als ich meine Mails betrachtete und mir vorstellte, diesen Tag auf dem Schiff nicht erlebt zu haben. Reisen Sie von West nach Ost, erleben Sie einen Tag zweimal, was sich noch verrückter anfühlen muss. Sie wissen schon, wie in dem Film Und täglich grüßt das Murmeltier, in dem der Hauptdarsteller wieder und wieder den 2. Februar erleben muss. Die ganzen physikalischen Ausführungen über die Datumsgrenze erspare ich Ihnen an dieser Stelle. Entdeckt haben dieses Phänomen aber Seefahrer unter dem Kommando des berühmten Ferdinand Magellan. Dieser führte von 1519 bis 1522 seine erste Weltumsegelung durch und wunderte sich nach der Rückkehr über Abweichungen in den Aufzeichnungen seines Logbuches beim Abgleich mit den Unterlagen der Menschen in seiner Heimat. Dies war die Geburtsstunde der Datumsgrenze. Auf einem Kreuzfahrtschiff bemerken Sie in den Abläufen das Fehlen eines Tages weniger. Interessant dürfte es aber sein, einen Tag im Prinzip zweimal zu erleben mit dem bekannten Murmeltier-Effekt.

*Brinas Tipp:* ~~~~~~~~~~~~~~~~~~~~~~~

Bummeln Sie unbedingt auf eigene Faust durch Ushuaia und lassen Sie sich treiben. Die Stadt ist nicht weit entfernt vom Hafen und bietet für ihre Größe viel. Am *Fin del mundo*, dem Ende der Welt, mit dem die Stadt nur zu gern kokettiert, werden Sie viele interessante Fotomotive finden.

~~~~~~~~~~~~~~~~~~~~~~~~~~~~~~~~~~~

## 29 – Erlebnis Ushuaia

Die südlichste Stadt Argentiniens – direkt am Beagle-Kanal gelegen – sollte man einmal in seinem Leben besuchen. Die erste Verwunderung zeigt sich bereits beim Einlaufen und einem ersten Blick in die Stadt. Die Häuser lassen den Eindruck eines Schweizer Bergdorfs vermuten. Die Berge, die sich deutlich und hoch hinter ihr erheben, teilweise mit Schnee bedeckt, unterstützen diesen Eindruck noch. Beim Gang durch das Städtchen findet man interessante Souvenirgeschäfte und tolle Restaurants, die von den legendären Königskrabben bis hin zum traditionellen Fleischgericht, dem Lamm, das im Ganzen über offenem Feuer und sichtbar für die Gäste gegrillt wird, alles anbieten. Aufgezogen ist das Lamm auf einer Eisenkonstruktion, die einige Meter in die Höhe ragt. Aber Ushuaia ist weit mehr. Hier starten Expeditionen in die Antarktis und Sie selbst können mit einem Katamaran einen Ausflug nach Penguin-Island unternehmen. Dieses Eiland ist nur 1,6 Kilometer groß, doch auf ihr wohnen Tausende von Pinguinen, die bei meinem Besuch alle artig am Strand standen und sich auf das Menschenschauen freuten. Sie schwimmen, sie laufen, sie necken sich, es ist eine wahre Freude, dabei zuschauen zu dürfen. Speziell beeindruckt hat mich, dass Pinguine, wenn sie sich einmal als Paar gefunden haben, sich nie wieder in ihrem Leben trennen. Es gibt sie noch, die wahre Liebe für das ganze Leben.

*Brinas Tipp:* ⁓⁓⁓⁓⁓⁓⁓⁓⁓⁓⁓⁓⁓⁓

Sinnvoll ist es auf jeden Fall, wenn Sie den geführten Ausflug der Reederei buchen und den Vormittag dafür auswählen, denn je eher Sie Land´s End erreichen, desto leerer ist es dort noch.

⁓⁓⁓⁓⁓⁓⁓⁓⁓⁓⁓⁓⁓⁓⁓⁓⁓

# 30 – Erlebnis Land's End

Die Spitze der Landzunge Land's End ist der westlichste Punkt Englands auf der Halbinsel Großbritannien. Sie trennt den Ärmelkanal von der Keltischen See und eine Umrundung kann manchmal als recht holprig, verbunden mit viel Seegang, empfunden werden. Kein Wunder also, dass sich aufgrund zahlreicher Untiefen vor den Klippen von Land's End ein Schiffsfriedhof befindet, der als Anziehungspunkt für Wracktaucher gilt. Land's End kann aber auch an Land erlebt werden. Je nachdem, in welchem Hafen von Cornwall Sie mit Ihrem Kreuzfahrtschiff anlegen, bieten fast alle Reedereien den landschaftlich schönen Ausflug zu diesem Aussichtspunkt an. Am Eingang werden Sie denken, es ist ein wenig Disneyland, denn es handelt sich um einen touristisch ausgerichteten Themenpark, in dem auch Spielautomaten und Kinderspielgeräte nicht fehlen. Dieser Bezirk ist im Privatbesitz. Aber der Blick über die Klippen, da, wo Cornwall zu Ende ist, bleibt Land's End selbst bei Regenwetter, was ich erlebt habe, eine echte Sensation. Was muss das erst bei Sonnenschein für ein Erlebnis sein? Überall bei Land's End weisen natürlich Schilder und Wegweiser auf seine exponierte Lage hin. Bei gutem Wetter können Sie von hier aus bis zu den Scilly Islands schauen, wo wirklich Englands westlichster Punkt ist.

***Brinas Tipp:*** ~~~~~~~~~~~~~~~~~~~~~~

Vom Kreuzfahrtterminal, das sich am Anleger Princes Wharf befindet, sind es nur drei Minuten Fußweg in die Stadt und zum Hafen. Die dichte Lage an der Innenstadt ist optimal für Erkundigungen auf eigene Faust. Er lohnt aber auch, per Bus oder Taxi einen Ausflug nach Devonport auf der gegenüberliegenden Seite der Bay zu machen, denn von dort aus hat man einen traumhaften Ausblick auf die Stadt Auckland.

~~~~~~~~~~~~~~~~~~~~~~

# 31 – Erlebnis Auckland

Auckland in Neuseeland, das Traumziel auf der anderen Seite der Welt. Schon beim Einlaufen hat mich diese Stadt in ihren Bann gezogen. Ob es der Watchtower war oder der 328 Meter hohe Sky Tower, ich weiß es nicht. Wenn ich jemals auswandern sollte, dann hierher. Eine pulsierende Stadt, die so viele unterschiedliche Kulturen miteinander leben lässt, dazu ganzjährig ein mildes Klima. Und nahezu jeder zweite Einwohner scheint ein eigenes Segelboot zu besitzen, kein Wunder, dass die Stadt auch als City of sails bezeichnet wird. Im Hafenviertel sind in den vergangenen Jahren trendige Bars und Restaurants entstanden. Bei unserem zweitägigen Aufenthalt hatten wir zudem das Glück, dass das berühmte Volvo Ocean Race zu Gast war mit seinen schnittigen Jachten. Was für ein Abend, passend zum Sonnenuntergang wechselte der Sky Tower dann auch noch seine Farben. Beeindruckend war auch die Skyline bei Nacht von Bord aus und getoppt wurde alles vom Auftritt der Maori im Theater des Schiffes. Die Ureinwohner und Entdecker dieses Landes brachten uns ihre Sprache, Riten und Tänze näher. Schon beim Auslaufen aus dieser Stadt wird einem klar, dass man dorthin am liebsten schon bald zurückkehren möchte, wenn da nur nicht die Distanz von über 18.000 Kilometern wäre.

*Brinas Tipp:* ⁓⁓⁓⁓⁓⁓⁓⁓⁓⁓⁓⁓⁓⁓⁓⁓

Selbst in den warmen Monaten ist man bei diesem Reiseziel mit einer Winterjacke gut ausgestattet, denn oft beträgt die Tagestemperatur auch dann nicht mehr als 6 Grad Celsius. Diese niedrigen Gradzahlen bringt der Humboldtstrom mit, eine kalte Meeresströmung aus der Antarktis.

⁓⁓⁓⁓⁓⁓⁓⁓⁓⁓⁓⁓⁓⁓⁓⁓⁓⁓⁓⁓⁓⁓

# 32 – ERLEBNIS CHILENISCHE FJORDE

Man sollte sie unbedingt einmal besucht haben. Die Westküste von Chile besticht mit eisblauen, majestätischen Gletschern, die manchmal förmlich ins Meer hineinzulaufen scheinen, und bewaldeten Bergen. Scheint die Sonne, ist es ein Traum. Herrscht Nebel, kommt leicht Novemberstimmung auf. Der Agostini-Fjord in Feuerland gehört mit zu den beeindruckendsten. Er wurde 1913 von Alberto Maria De Agostini, einem Missionaren, entdeckt. Man blickt auf eine zerklüftete Bergkette, grüne Wiesen und selbst im Sommer auf der Südhalbkugel auf schneebedeckte Gipfel. Mit ein wenig Fantasie kann man in der Kulisse dieser Bergwelt Gesichter in den Felsen erkennen. Die Wolken, die diese zu umschmeicheln scheinen, spielen mit immer neuen und spannenden Perspektiven. Ist man mit einem Kreuzfahrtschiff unterwegs, dann hängen Besuche in den Häfen oft von der Stärke des Seegangs ab. Wir liefen beispielweise im Fjord des Hafens Chacabuco ein und konnten aufgrund des Wellengangs nicht tendern. So ging es weiter zum nächsten Hafen anstatt an Land. Sehr schade um das wirklich schöne Ziel. Die beste Reisezeit für Chile ist schwer zu definieren, da sich das Land von Norden bis in den Süden hinunter 4.200 Kilometer lang erstreckt. Oktober bis April wird empfohlen. Jedoch, je weiter man südlich in Richtung Patagonien kommt, desto eingeschränkter sind die Empfehlungen. Hier wird lediglich Dezember bis Februar als gute Reisezeit angesetzt.

***Brinas Tipp:*** ~~~~~~~~~~~~~~~~~~~~~~

Warum ich Ihnen empfehle, eine klassische
Kreuzfahrt zu machen? Sie müssen einfach
einmal die berühmte Eisbombenparade selbst
erlebt haben anstatt nur im Fernsehen.

~~~~~~~~~~~~~~~~~~~~~~

# 33 – ERLEBNIS KLASSISCHE KREUZFAHRT

Das Traumschiff startete 1981 im Fernsehen und machte die Urlaubsform Kreuzfahrt bekannt in den heimischen Wohnzimmern. Es zeigte uns, dass Gala-Abende an Bord immer mit der berühmten Eistorte gekürt wurden. Dies war damals übrigens eine Erfindung von Wolfgang Rademann und wanderte erst danach als Highlight auf die Klassiker. Sie sind nicht so der Fan, der sich im Urlaub auch noch am Abend in Schale wirft? Die Zeiten haben sich in den letzten Jahren durch den wahren Kreuzfahrtboom auch für klassische Kreuzfahrten ein wenig gewandelt. Tagsüber gibt es nahezu keinen Unterschied mehr zu den legeren Kreuzfahrten. Für den Abend erwarten den Gast dann – je nach Reederei – drei Dresscodes: Leger, leichte Eleganz oder eben Gala, wobei mache Gäste den Unterschied nicht unbedingt verstehen und ich habe auch auf Klassikern am Gala-Abend schon Jeans gesehen. Es gibt aber durchaus Reedereien, die einen Einlass ins Restaurant verweigern, wenn der Herr am Abend kein Sakko trägt bei Gala. Zur klassischen Kreuzfahrt gehört auch, dass tatsächlich das Trinkgeld für die Crew noch in einem Umschlag überreicht oder abgegeben wird. Vom Restaurant-Steward erhalten Sie dann die Speisekarten der gesamten Reise, aber nur, wenn der Tip stimmt. Getränke zu den Mahlzeiten und dazwischen sind normalerweise bei der klassischen Kreuzfahrt nicht im Reisepreis enthalten. Die Bordunterhaltung mit dem klassischen Frühschoppen, den ich Ihnen ja schon ans Herz gelegt habe, und wechselnden Abendkünstlern gehört ebenso dazu. Aber gerade im Punkt Unterhaltung sind die Unterschiede kaum mehr spürbar zu den Clubkreuzfahrten.

*Brinas Tipp:* ～～～～～～～～～～～～

Ich empfehle Ihnen eine Kreuzfahrt über den nördlichen Polarkreis. Speziell im Juni, denn nach der Überquerung dieses Breitenkreises wird die Sonne nicht mehr untergehen und es ist ein Erlebnis, das Sie nie vergessen werden, wenn es um 3 Uhr nachts noch taghell ist.

～～～～～～～～～～～～～～～～～～～

# 34 – ERLEBNIS POLARKREISTAUFE

Ähnlich wie die Äquatortaufe ist auch die Polarkreistaufe ein großer Spaß an Deck für die Crew und ihre Gäste und je kleiner das Kreuzfahrtschiff ist, desto stärker wird diese zelebriert. Ähnlich wie bei der Äquatortaufe treten Teile der Crew als Neptun und Gefolge verkleidet zumeist auf dem Pool-Deck auf und suchen unter den Passagieren ihre Opfer. Manchmal ist es ein unfreiwilliges Bad im Pool, mal werden die Täuflinge mit Eiswasser übergossen. Das ist von Reederei zu Reederei ganz unterschiedlich und die Aktion ist natürlich auch freiwillig. Im Gegensatz zur Äquatortaufe ist die Polarkreistaufe also eher ein eisiges Vergnügen. Früher in der Berufsseefahrt war dies nicht so harmlos, aber heute ist es dort abgeschafft worden. Eine Urkunde gibt es dann für jeden Passagier – getauft oder ungetauft – trotzdem und es ist stets ein netter Zeitvertreib an einem typischen Seetag. Die Polarkreise sind Breitenkreise und liegen ca. auf 66 Grad nördlicher und südlicher Breite. Der Nördliche verläuft durch Alaska, Kanada, Grönland, Norwegen, Schweden, Finnland und Russland. Quer durch die Antarktis verläuft der Südliche und umrundet diesen Kontinent. An vielen Orten an Land wird der Verlauf des Polarkreises mit Markierungen gezeigt, so zum Beispiel im Dorf des Weihnachtsmannes, in Rovaniemi, Finnland.

*Brinas Tipp:* ~~~~~~~~~~~~

Mich hat am meistens der Moai mit den blauen Augen fasziniert, der auch die Kopfbedeckung, den Pukao, trägt. Er steht am Ahu Ko Riku bei Tahai und scheint einen mit seinen Augen zu verfolgen.

~~~~~~~~~~~~

# 35 – Erlebnis Osterinsel

Einmal in Ihrem Leben sollten Sie wirklich der isoliert gelegenen Insel im Südpazifik einen Besuch abstatten. Die Osterinsel ist seit 1995 als Nationalpark Rapa Nui ein Teil des UNESCO-Weltkulturerbes und vor allem bekannt durch ihre Steinskulpturen, die Moai. Das Kreuzfahrtschiff liegt aufgrund des nur kleinen Hafens von Hanga Roa auf Reede und die Passagiere werden mit Tenderbooten übergesetzt. Wenn Sie sich im Vorfeld schon mit den Orten beschäftigen, an denen sich die Moai befinden, dann können Sie diese sogar beim Anlauf der Osterinsel von Deck aus schon sehen. Über die Insel werden von den Reedereien verschiedene Ausflüge angeboten und ich empfehle, unbedingt einen geführten Ausflug zu machen oder einen lokalen Fremdenführer vorzubuchen. Im Hafen von Hanga Roa gibt es nur wenig Restauration sowie ein paar Souvenirstände und Sie sollten die Insel einfach erleben. Sie werden staunen, wie grün sie ist. Es gibt mehrere Orte, an denen Moai zu finden sind. Trotz langer Forschungen ist ihr eigentlicher Zweck bis heute nicht komplett erforscht. Es wird aber vermutet, dass sie berühmte Häuptlinge oder Ahnen darstellen, die als Bindeglied zum Jenseits fungieren sollten. Fahren Sie zu den Moai und lassen Sie sich von ihrer Größe und ihrem Zauber einfangen. Die Insel heißt übrigens so, weil sie 1722 von dem Niederländer Jakob Roggeveen an Ostern entdeckt worden ist.

*Brinas Tipp:* ～～～～～～～～～～～～～

Bummeln Sie auf jeden Fall über den kleinen Markt in Hafennähe an der Marina, der Tradition hat, heute aber schon zu einem Touristenanziehungspunkt geworden ist. Die Küche Montenegros ist einzigartig vielfältig und dort bekommen Sie einen guten Eindruck davon.

～～～～～～～～～～～～～～～～～

# 36 – ERLEBNIS KOTOR

Den Besuch von Kotor, einer Stadt an der Adriaküste von Montenegro, macht schon die Einfahrt mit einem Kreuzfahrtschiff zu einem unvergesslichen Ereignis. Die Bucht von Kotor ist 30 km lang und man kann sie als fjordartig beschreiben. Rechts und links des Wasserweges sehen Sie hohe, steile Felsmauern. In Verige befindet sich die engste Stelle, die nur knapp 340 Meter breit ist. Eine echte Sensation ist zusätzlich die Passage der Klosterinsel Sveti Dorde vor dem Orjen-Hochplateau. Verpassen Sie also diese Ein- und Ausfahrt auf keinen Fall. In Kotor angekommen können Sie diese kleine, mittelalterliche, romantische Stadt zu Fuß selbst sehr gut erlaufen. Ihre verwinkelten Gassen und Plätze werden rundum von einer Mauer geschützt und Sie werden dort mehrere Kirchen finden. Kotor ist mit seinen Bauwerken und der Lage 1979 ins UNESCO-Weltkultur- und Naturerbe aufgenommen worden. Wer mag und über einen gute Kondition verfügt, der kann natürlich auch die alte Festung Sveti Ivan Fortress besichtigen, die hoch über der Bucht von Kotor thront und Sie werden mit einem atemberaubenden Blick über die Bucht belohnt. Der Aufstieg dauert etwa 45 Minuten und es ist ratsam, ihn gleich am frühen Morgen durchzuführen. Je später es am Tag wird, desto mehr Menschen strömen den Weg hinauf.

*Brinas Tipp:* ~~~~~~~~~~~~~~~~~~~~~~~~

Versuchen Sie, nach Ihrem Besuch am Kap die Westküste für die Rückfahrt zu nehmen und Sie werden eine Küstenstraße erleben, die sich gut und gern mit dem berühmten Highway Number One in Kalifornien messen lassen kann, was die spektakulären Ausblicke angeht.

~~~~~~~~~~~~~~~~~~~~~~~~~~~~

# 37 – ERLEBNIS KAPSTADT

Speziell in den frühen Morgenstunden, wenn die Sonne über dem Tafelberg aufgeht, ist der Anlauf von Kapstadt eine faszinierende Angelegenheit. Die Skyline wirkt neben dem großen Gebirge leicht unspektakulär und das Cruise-Terminal ist auch nicht gerade schön. Die Enttäuschung verblasst jedoch sofort, wenn man sich zu einem der zahlreichen Ausflüge an Land begibt. Ob Sie nun zum Kap der Guten Hoffnung fahren und Strauße und Affen in freier Wildbahn laufen sehen oder zum Wine-Tasting nach Stellenbosch, Sie werden begeistert sein. Die Waterfront von Kapstadt ist heute das eigentliche Zentrum, wo sich das Leben abspielt. Schicke Restaurants und zahlreiche, zum Teil auch sehr außergewöhnliche Souvenirläden prägen dort das Bild. Speziell der Besuch in der Markthalle ist empfehlenswert. Neben einem bayrischen Bäcker findet man durchaus auch kleine Stände, die auf ihrer Speisekarte die heimische Tierwelt haben. Zu makaber? Probieren Sie einmal Strauß oder Kudu. Für Freunde des Bieres befindet sich dort auch eine irische Brauerei, aber auch das einheimische Bier Castle ist durchaus zu empfehlen. Oder Sie begeben sich hoch in die Lüfte auf dem Cape Wheel, einem Riesenrad, von dem Sie einen wunderbaren Überblick über die Waterfront haben. Kapstadt bietet so viele Möglichkeiten, dass man sich wünscht, länger zu bleiben oder zumindest noch einmal dorthin zurückzukehren. Die eigentliche Innenstadt von Kapstadt wird zum Teil als gefährlich eingestuft und Sie sollten sie besser in einer geführten Gruppe besuchen.

*Brinas Tipp:* ~~~~~~~~~~~~~~~~~~~~~~~~~~~~

Buchen Sie unbedingt den Ausflug auf die Insel Grimsey mit dem Flugzeug von Akureyri aus. Diese liegt ca. 40 Kilometer nördlich von Island, direkt auf dem Polarkreis und dort können Sie fantastische Vogelbeobachtungswanderungen unternehmen. Außerdem ist ein Blick von oben auf Island auch eine Sensation.

~~~~~~~~~~~~~~~~~~~~~~~~~~~~

# 38 – ERLEBNIS ISLAND

Kreuzfahrten mit dem Ziel Island sind in den letzten Jahren immer mehr in die Programme der Reedereien aufgenommen worden. Ein echtes Trend- und Traumziel, das Sie sicher auch begeistern würde. Sie werden eine spektakuläre Landschaft vorfinden, die mit ihren Geysiren, Thermalquellen, Lavafeldern und Wasserfällen punktet. Freuen Sie sich auf die Begegnung mit Islandpferden, Seehunden oder sogar einem Polarfuchs. Auch für seine Vogelwelt ist Island berühmt und es ist ein echtes Erlebnis, Papageitaucher aus nächster Nähe zu beobachten. Aber Achtung beim Landgang! Island ist das teuerste Land der Welt (Stand Juli 2019), da es die meisten Waren importieren muss. Ich habe für ein harmloses, abgepacktes Tüteneis im Jahre 2004 schon knapp 4 Euro bezahlt. Ein Glas Bier kommt locker auf 9 Euro und das Glas Wein sogar auf 10 Euro. Also nicht vergessen, die Trinkflasche für den Landgang aufzufüllen. Reykjavik, die nördlichste Hauptstadt der Welt, hat übrigens viel mehr als seine zahlreichen Schwimmbäder zu bieten. Es gibt eine Vielzahl von Museen und interessante Häuser mit moderner Architektur. Einen guten Ausblick auf Reykjavik haben Sie von dem Hügel aus, auf dem die Kirche Hallgrímskirkja steht. Ihr 74,5 Meter hoher Turm prägt mit seiner Höhe das komplette Stadtbild.

*Brinas Tipp:* ~~~~~~~~~~~~~~~~~~~~~~~~~~~~~~~~

Auch wenn Sie alle Mahlzeiten auf Ihrem Flusskreuzer im Reisepreis inkludiert haben, essen Sie in Ungarn an Land unbedingt eine typische Ungarische Gulaschsuppe. Am besten in einem Lokal, in dem viele Einheimische sitzen, aber unterschätzen Sie die Schärfe dieses Nationalgerichtes nicht.

~~~~~~~~~~~~~~~~~~~~~~~~~~~~~~~~

# 39 – Erlebnis Budapest

Der Anlauf der zweigeteilten Stadt Budapest auf der Donau ist erlebenswert. Man fährt durch mehrere Brücken hindurch bis zum Flussanleger, wobei die Kettenbrücke aus dem 19. Jahrhundert das absolute Highlight ist. Danach müssen Sie sich nur entscheiden, welchen Stadtteil Sie zuerst erobern wollen, Buda oder Pest. Zumeist wird in der Nähe der Freiheitsbrücke angelegt, von dort aus sind es nur ein paar Schritte bis zur eindrucksvollen Großen Markthalle, die 1897 fertiggestellt wurde. Danach empfiehlt sich ein Bummel durch die Fußgängerzone in Richtung des Cafés New York, dem ältesten Kaffeehaus in Pest. Nach dem Betreten des Cafés werden Sie sich in eine Zeit von vor über 100 Jahren zurückversetzt fühlen. Wer es moderner mag, Budapest hat natürlich auch ein Hard Rock Café in Pest. Alle Sehenswürdigkeiten hier aufzuzählen, würde den Rahmen absolut sprengen. Ich war bisher zweimal in Budapest und habe noch nicht einmal den Stadtteil Pest komplett ansehen können. Grund genug, noch einmal nach Budapest zu reisen. Je nachdem, wie weit Sie die Donau hinunterfahren, kommen Sie auf der Rücktour nochmals in den Genuss der Passage der ungarischen Hauptstadt. Am eindrucksvollsten ist diese übrigens bei Nacht, wenn die antiken Bauten in hellem Glanz erstrahlen. Verpassen Sie dieses Erlebnis nicht!

*Brinas Tipp:* ~~~~~~~~~~~~~~~~

Recherchieren Sie vorab im Internet, welche Kreuzfahrtschiffe zu Silvester vor Funchal liegen und welche Liegezeiten genau geplant sind. Bedenken Sie, dass Ferien sind, daher ist eine frühzeitige Planung für dieses Erlebnis sinnvoll.

~~~~~~~~~~~~~~~~

# 40 – Erlebnis Silvester vor Madeira

Madeira als Reiseziel bei einer Kreuzfahrt kann ich ohne Wenn und Aber empfehlen, denn die Blumeninsel im Atlantik ist berühmt für ihre Blumen- und Blütenpracht. Von Oktober bis März, wenn es bei uns in Deutschland ungemütlich kalt ist, herrschen auf Madeira angenehme Temperaturen, manchmal sogar über 20 Grad. Die Kreuzfahrtschiffe fahren den Hafen von Funchal an, der im Süden der Insel liegt, wo es eindeutig weniger regnet als im Norden. Einen guten Überblick von Madeira bekommen Sie bei einem Ganztagesausflug, aber auch die Jeep-Touren, die von fast jeder Reederei angeboten werden und nur einen halben Tag dauern, geben bereits einen guten Überblick. Die Kür eines Madeirabesuchs ist jedoch – neben dem Karneval – das Silvesterfeuerwerk im Hafen von Funchal, bei dem sich jährlich mindestens sechs Kreuzfahrtschiffe einfinden. Nach dem Feuerwerk der Stadt selbst entzündet in der Regel jedes Kreuzfahrtschiff noch sein eigenes. Eine gigantische Nacht an Deck steht Ihnen also bei diesem Erlebnis bevor. Mich hat das Thema so fasziniert, dass ich sogar einen Roman darüber geschrieben habe. Von dem Hafen, in dem die Kreuzfahrtschiffe anlegen, ist die Stadt Funchal übrigens mit dem Taxi in wenigen Minuten zu erreichen. Schlendern Sie ein wenig durch die Gassen und probieren Sie auf jeden Fall einen Kaffee, denn die Portugiesen sind Liebhaber dieses Getränks und es gibt ganz viele unterschiedliche Kaffee-Variationen zu entdecken.

***Brinas Tipp:*** ～～～～～～～～～～～～～

Haben Sie es bemerkt? Ich versuche, mich am Seetag antizyklisch zu den anderen Passagieren zu bewegen, denn ich mag weder überfüllte Restaurants noch Sonnendecks mit Menschenhorden.

～～～～～～～～～～～～～～～

# 41 – ERLEBNIS SEETAG

Ein Seetag ist für Sie kein Erlebnis, sondern nur ein Tag, um von A nach B zu kommen? Folgen Sie meinen Empfehlungen und dann wird dieser Tag auch für Sie zu einem echten Erlebnistag. Ich stehe am Seetag gern sehr früh auf und gehe an Deck mit einem ersten Becher Kaffee spazieren. Meistens bin ich dann fast allein dort. Danach gibt es ein kleines Obstfrühstück am Büffet, wo es auch noch schön leer ist. Den Vormittag kann ich dann prima zum Schreiben nutzen oder ich überlege mir neue Projekte. Auch im Wellnessbereich ist es bis 11 Uhr meistens noch leer. Zu Mittag esse ich überpünktlich, damit ich schon fertig bin, wenn die Massen kommen. Danach kann man entspannt in einer Bar einen Kaffee genießen oder auch ein wenig auf der Sonnenliege relaxen. Nach dem offiziellen Ende der Mittagszeit begebe ich mich meistens auf die Kabine und lese ein wenig. Danach schlafe ich meist für eine Stunde ein. Besuche ich die Kaffee- & Kuchenschlacht, dann mache ich das meist erst kurz vor dem Ende der Zeit. Danach ziehe ich mich für den Abend um und genieße ein leckeres Getränk, wenn möglich an der Heck-Bar des Schiffes. Mein persönliches Programm nach dem Abendessen passe ich dann individuell dem Bordprogramm an.

*Brinas Tipp:*

Eine kleine Abkühlung gefällig? Dann gehen Sie während ihres Aufenthaltes in Stockholm doch mal in die ICEBAR Stockholm im ICEHOTEL. Hierbei handelt es sich um die einzige permanente Eisbar der Welt.

# 42 – Erlebnis Stockholm

Stockholm, das Venedig des Nordens, erstreckt sich über 14 Inseln, die mit mehr als 50 Brücken verbunden sind. Bereits die Einfahrt, die knapp drei Stunden dauert und durch eine bizarr schöne Schärenlandschaft führt, ist es wert, am Morgen früh aufzustehen. Unzählige kleine Inseln werden Sie sehen und auf jeder steht ein kleines rotes Holzhaus. Hier erleben Sie Schweden pur und die Navigation erfordert die höchste nautische Kompetenz des Kapitäns. Einige Reedereien haben zur Einfahrt auch einen Lektor auf der Brücke, der die Gebäude an beiden Ufern erklärt und historische Hintergrundinformationen gibt. Die Stadt selbst bietet dann einen ganzen Strauß an Sehenswürdigkeiten und Aktivitäten. Das königliche Schloss und die dahinter liegende Altstadt (Gamla Stan) sollte man unbedingt gesehen haben. Ebenso das berühmte Vasa-Museum, das – weltweit einzigartig – ein intaktes Schiff aus dem 17. Jahrhundert ausstellt. Auch das Skansen-Freilichtmuseum mit seinem eigenen Tierpark und zahlreichen Originalhäusern aus allen Teilen Schwedens ist einen Besuch wert. Es ist ebenfalls weltweit das älteste Museum seiner Art. Sie merken schon, es gibt viel in der schwedischen Hauptstadt zu erleben, bevor ihr Kreuzfahrtschiff später wieder langsam durch die Schärenlandschaft zu seinem nächsten Ziel gleitet. Auch am Abend ist diese Passage wunderschön, wenn die Sonne inmitten der kleinen Inseln zu versinken scheint.

***Brinas Tipp:*** ～～～～～～～～～～～～～～～

Mein Lieblingsweihnachtsmarkt ist übrigens der in Rüdesheim. Er nennt sich Weihnachtsmarkt der Nationen, weil dort Waren und Spezialitäten von über 20 Nationen aus – nach eigenen Angaben der Stadt –sechs Kontinenten in den kleinen Gassen angeboten werden.

～～～～～～～～～～～～～～～

## 43 – ERLEBNIS WEIHNACHTSMÄRKTE

Machen Sie doch im Monat Dezember mal eine Flußkreuzfahrt und lernen Sie dabei verschiedene Weihnachtsmärkte vom Wasser aus kennen. Diese Kurzreisen werden zu den Adventswochenenden mittlerweile von vielen Flussreedereien angeboten. Mit Ihrem Schiff legen Sie grundsätzlich in den jeweiligen Städten an und so ist der Weg auf den Weihnachtsmarkt erfreulich kurz. An Land können Sie nun in aller Ruhe über den Markt bummeln und müssen auch kein schlechtes Gewissen haben, wenn Sie gleich zwei Glühwein trinken, denn fahren wird Sie heute Abend der Kapitän. Die Beleuchtung der Städte zur Weihnachtszeit ist traumhaft und so ist auch eine Vorbeifahrt, wenn es dann dunkel wird, ein schönes Erlebnis. Praktisch ist natürlich auch, dass Sie sich jederzeit auf Ihren Flusskreuzer zum Aufwärmen begeben können, wenn Ihnen kalt wird. In Köln gibt es beispielsweise gleich mehrere Weihnachtsmärkte, die Sie so problemlos an einem Tag besuchen können. Die Schiffe selbst sind zu dieser Jahreszeit auch wunderschön dekoriert und geschmückt, sodass Sie sich auch an Bord in Weihnachtsstimmung bringen. Verbinden Sie die Flußkreuzfahrt mit den Weihnachtseinkäufen für Ihre Lieben, haben Sie auch dieses Thema schon erledigt und das in sehr entspannter Form.

*Brinas Tipp:* 〰〰〰〰〰〰〰〰〰〰〰

Auch wenn Sie im Sommer Spitzbergen erobern, eine dicke warme Winterjacke und Handschuhe gehören ins Reisegepäck, ebenso wie ein Fernglas!

〰〰〰〰〰〰〰〰〰〰〰〰〰

# 44 – Erlebnis Spitzbergen

Eine Kreuzfahrt bis hinauf nach Spitzbergen ist ein Muss. Spitzbergen ist die größte Insel des zu Norwegen gehörenden, gleichnamigen Archipels. Im Sommer, wenn die Kreuzfahrtschiffe diese Region anfahren, können Sie hier die Mitternachtssonne erleben – die Sonne geht 24 Stunden lang nicht unter. Spitzbergen ist eines der nördlichsten bewohnten Gebiete der Welt. Gletscher und Tundra wechseln sich ab. Hier leben Eisbären, Rentiere und Polarfüchse. Ein besonderes Erlebnis ist es, in einem der zahlreichen Fjorde auf Reede zu liegen und dann mit den Tenderbooten ausgebootet zu werden, um einen Fuß an Land zu setzen. Die Reederei, mir der ich damals gereist bin, hatte einen eigenen Steg für uns gebaut und Stände mit Getränken und Essen errichtet. Bewacht wurden wir von einem Ranger, falls sich ein Eisbär nähern sollte. Das war Abenteuer pur und einige mutige Crewmitglieder sind sogar in einem See baden gegangen. Ich fühlte mich ein wenig wie ein Pionier. Ein wenig Eis wurde damals sogar mit an Bord genommen und so konnte der abendliche Cocktail mit Gletschereis serviert werden. Ein Nachmittag in Spitzbergen, der für immer unvergeßlich bleibt. Es war zur Mittsommerzeit und die unterschiedlichen Sonnenstände haben dem ewigen Eis und seinem Weiß immer wieder neue, andere Farbimpulse verliehen.

## *Brinas Tipp:*

Es locken viele Ausflüge ins Hinterland von Maskat, doch ich kann den Ausflug per Boot zu den Delphinen empfehlen. Man kommt den Tieren sehr nahe und die Boote sind nicht zu groß.

## 45 – ERLEBNIS OMAN

Eine Kreuzfahrt durch die Vereinigten Emirate sollte in Ihrer Sammlung möglichst nicht fehlen. Die künstlichen Wüstenmetropolen Dubai und Abu Dhabi punkten mit galaktischen Hochhäusern, großen Shoppingcentern, Prunk und Sand ohne Ende. Meine Überraschung auf dieser Tour war der Hafen von Maskat im Oman, der nicht zu den Emiraten gehört. Maskat ist die Hauptstadt des Oman und hat nur ca. 30.000 Einwohner. Die Stadt liegt in einer Bucht, die von Felswänden umschlossen ist, sodass das Gebirge bis an das Meer heranreicht. Im Gegensatz zu den künstlichen Wüstenmetropolen ist hier schon die Ein- und Ausfahrt ein Höhepunkt. Ja, ich finde die Skyline von Dubai auch stylisch, aber am besten gefällt sie mir persönlich, wenn ich am Heck meines Kreuzfahrtschiffes sitze. Das war bei der Ankunft im Oman anders, ich konnte es gar nicht erwarten, an Land zu gehen. Das Wahrzeichen der Stadt, ein überdimensionaler Weihrauchbrenner, der mit zahlreichen Ornamenten verziert ist, macht neugierig und lässt einen erkennen, dass man in einem echten Sultanat angekommen ist. Sie können wunderbar an der Uferpromenade entlangbummeln, die auch unmittelbar an die Altstadt anschließt. Natürlich finden Sie hier auch einen Souk und einen großen Fischmarkt.

*Brinas Tipp:* ~~~~~~~~~~~~~~~~~~~~~~~~~~~~

Mein Geheimtipp ist eine der schönsten Kirchen,
die ich jemals auf der Welt gesehen habe: Die
Catedral Metropolitana de São Sebastião do
Rio De Janeiro. Als ich die Kirche betrat, die
von außen einem Betonklotz in Form einer
Eistüte ähnelt, raubte mir der Licheinfall durch
die Kirchenfenster den Atem.

~~~~~~~~~~~~~~~~~~~~~~~~~~~~

# 46 – Erlebnis Rio de Janeiro

Die Ein- und Ausfahrt nach und von Rio de Janeiro ist ein Traum für jeden Kreuzfahrer, wobei ich nicht sagen kann, ob der erste Anblick des berühmten Zuckerhuts oder das Auslaufen aus dieser vielfältigen Stadt das Highlight ist, wenn die Christus-Statue dem Kreuzfahrer zum Abschied zuzuwinken scheint. Optimalerweise sollten Sie natürlich versuchen, beides zu machen. Neben diesen Sehenswürdigkeiten, die Sie natürlich besuchen sollten, ist das Maracana-Stadion, unser deutscher Guide nannte es liebevoll den deutschen Tempel, nach dem WM-Sieg in 2014, eine weitere Attraktion. Einmal den Rasen anfassen, auf der Trainerbank von unserem Jogi sitzen oder einen Blick in die Spielerkabinen der deutschen Mannschaft werfen, alles dies ist dort möglich. Wer lieber Erholung bevorzugt, dem empfehle ich den wohl berühmtesten Strand der Welt, die Copacabana. Es ist traumhaft schön, aber seien Sie auf eifrige Händler vor Ort gefasst, die sich nur schwer abwimmeln lassen. Aber die gehören zu Brasilien wie die Sonne. Neben aller Faszination bedenken Sie bitte, dass die Kriminalitätsrate in Brasilien überdurchschnittlich hoch ist. Lassen Sie also teuren Schmuck an Bord, meiden Sie Nebengassen – auch tagsüber – und machen Sie einen großen Bogen um die Armenviertel, die Favelas. Nach 22 Uhr sind die Straßen von Rio wie ausgestorben. Das hat ebenfalls seinen Grund.

*Brinas Tipp:* ∿∿∿∿∿∿∿∿∿∿

Wenn Sie sich nicht für einen Ausflug der Reederei entscheiden können, dann buchen Sie einen Mietwagen vorab im Internet. Die Station befindet sich direkt im Kreuzfahrtterminal und es ist der einfachste Weg, diese bezaubernde Insel zu erkunden.

∿∿∿∿∿∿∿∿∿∿∿

# 47 – ERLEBNIS LANZAROTE

Eine Kreuzfahrt um die Kanarischen Inseln finde ich in den Wintermonaten eine gute Alternative zur Karibik. Die Flugzeit ist halb so lang und man ist auch nicht vom Jetlag beeinträchtigt. Meine Empfehlung ist bei dieser Destination eindeutig Lanzarote. Die 845,9 km² große Insel habe ich schon oft mit einem Kreuzfahrtschiff angesteuert und sie fasziniert mich mit ihrer kargen Landschaft und ihrem einzigartigen Licht immer wieder neu. Natürlich müssen Sie in die Feuerberge fahren, bei El Golfo den grünen Kratersee Lago Verde sehen und auch das Weinanbaugebiet La Geria lockt mit ländlichen Bodegas. Wenn Sie nur einen Tag auf Lanzarote haben, wäre es wirklich zu schade, diesen am Strand zu verbringen, wobei die schwarzen Lavastrände durchaus auch ihren Reiz haben. In der Hauptstadt Arrecife, wo die Kreuzfahrtschiffe anlegen, habe ich bei mehreren Aufenthalten noch nie eine spannende Entdeckung gemacht. Das Kreuzfahrtterminal liegt ein wenig außerhalb der Stadt und meistens sind leider nur wenig Taxen im Hafen. Probieren sollten Sie neben den Fischsorten aller Art unbedingt die Kanarischen Runzelkartoffeln (Papas arrugadas), die mit roter und grüner Mojo-Soße (Mojo rojo und mojo verde) eigentlich überall zu den Speisen gereicht werden. Sparen Sie es sich aber, die Soßen zu kaufen, denn tatsächlich schmecken sie wirklich nur auf den Kanarischen Inseln und nicht im heimischen Eßzimmer. Warum das so ist, kann ich Ihnen allerdings auch nicht sagen.

*Brinas Tipp:* ～～～～～～～～～～～～～

Portofino und seine Atmosphäre sollte man einfach bei einem Bummel genießen. Vergessen Sie Ihre Badebekleidung nicht und schwimmen Sie in smaragdgrünem, klarem Wasser, zusammen mit unzählig vielen kleinen Fischen. Der Strand Paraggi ist ca. 1,5 km zu Fuß vom Ortskern entfernt.

～～～～～～～～～～～～～

# 48 – Erlebnis Portofino

Das einst kleine Fischerdorf an der italienischen Riviera östlich von Genua wird nicht von sehr vielen Kreuzfahrtschiffen angelaufen, ist aber durchaus eine Empfehlung von mir. Bedingt durch einen ganz kleinen Naturhafen wird getendert. Schon wenn man im Boot auf den Ort zufährt, sind die berühmten pastellfarbenen Häuser zu erkennen. Sie erleben Italien pur. Rund um die Piazza am Hafen befinden sich einige Luxusboutiquen, Kunstgalerien und zahlreiche gute Fischrestaurants. Nehmen Sie Platz und bestaunen Sie bei einem Glas Wein die großen Mega-Jachten, die im Hafen liegen und den Ausblick auf das Ligurische Meer, wo Ihr Kreuzfahrtschiff auf Reede liegt. Im Sommer stößt der kleine Ort durch das Verkehrsaufkommen, das über die steilen Straßen in den Ort kommt, schon mal an seine Grenzen. Schon lange haben die Schönen und Reichen diesen zauberhaften Ort für sich entdeckt und nicht alle kommen mit der eigenen Jacht. Das Castello Brown, das oberhalb des Ortes thront, ist aus dem 14. Jahrhundert und wird heute von der Gemeinde als Museum genutzt. Es kann täglich von 10 bis 18 Uhr besichtigt werden und bietet einen schönen Blick auf die malerische Altstadt und den Hafen. Probieren Sie am Hafen unbedingt eine Portion Paciugo. Dies ist eine Mischung aus Vanille- und Schokoladeneis mit Sahne, Obststückchen und eingekochten Kirschen. Und vergessen Sie dabei nicht, nach Promis Ausschau zu halten!

*Brinas Tipp:* ~~~~~~~~~~~~~~~~~~~~~~~~~~

Erlaufen Sie Québec bequem vom Hafen aus.
Klettern Sie die Stufen hinauf und hinunter
und entdecken Sie die Stadt, ihre kleinen Läden
und Restaurants. Den besten Ausblick auf
Québec und Ihr Kreuzfahrtschiff haben Sie
vom Château Frontenac. Es gilt als das meist
fotografierte Hotel der Welt.

~~~~~~~~~~~~~~~~~~~~~~~~~~

# 49 – ERLEBNIS INDIAN SUMMER

Indian Summer vom Feinsten können Sie mit einem Kreuzfahrtschiff am besten in Kanada in den Monaten September und Oktober – natürlich je nach Wetterlage – erleben. Die Küste von Neuengland und Teile von Kanada sind ohnehin schon Ausflüge zurück zur Natur, aber in diesen Monaten ist es einfach nur bezaubernd, die unterschiedlichen Stadien der Laubverfärbung in den Laub- und Mischwäldern mit eigenen Augen zu sehen. Sie werden als Indian Summer bezeichnet. Dazu rundet ein strahlend blauer Himmel das Erlebnis oft ab. Versuchen Sie also bei ihren Ausflügen an Land nicht nur in den Städten zu bleiben. Erleben Sie die Wälder bei Wanderungen, Kanu- oder Trekkingtouren. Und wenn Sie doch mal in den Städten bleiben wollen – mir hat die kleine Stadt Bar Harbor im Bundesstaat Maine (USA) sehr gut gefallen. Es ist eine Kleinstadt, sodass getendert werden muss und damit auch die Zeit nach dem Landschaftsausflug zur Erkundung noch reicht. Und wenn Sie gern Fisch mögen, überall und an jeder Ecke gibt es Lobster, Lobster, Lobster! Besonders landschaftlich schön sind auch Routen, die über den Sankt-Lorenz-Strom bis hinein ins kanadische Québec führen. Hier lohnt es sich absolut, sich zunächst, je nach Aufenthaltslänge, voll und ganz auf die Stadt zu konzentrieren. Mit ihrem hohen französischen Bevölkerungsanteil werden Sie sich fast ein wenig nach Frankreich versetzt fühlen.

***Brinas Tipp:*** ~~~~~~~~~~~~~~~~~~~~~~~~~~~~~

Sollten Sie diese Passage einmal machen, sprechen Sie mit den Menschen. Bedingt dadurch, dass es immer noch eine britische Kolonie ist, sprechen die Einwohner ein hervorragendes Englisch und sie sind sehr aufgeschlossen!

~~~~~~~~~~~~~~~~~~~~~~~~~~~~~~~~~~~~~~

# 50 – Erlebnis Pitcairn Islands

Die Passage der Pitcairn Islands ist das letzte Erlebnis, das ich Ihnen in diesem Ratgeber ans Herz legen möchte. Dabei hat die Reihenfolge dieser Erlebnisse für mich nichts mit ihrem Stellenwert im Buch zu tun. Sie schütteln nun den Kopf, weil Sie die Pitcairn Islands nicht kennen? Sie liegen im Pazifik, ca. 5.400 km von Südamerika entfernt und sind die letzte britische Kolonie. Sie wurden 1767 von dem Seekadetten Pitcairn entdeckt und ihre Bewohner sind Nachfahren der Meuterer von der Bounty und deren polynesischen Frauen. Es gibt Reedereien, die auf der Fahrt von der Osterinsel in Richtung Südsee vor den Pitcairn Inseln einen halbtägigen Stopp einlegen. In meinem Fall kamen dann mit einem kleinen Boot Einwohner an Bord, um örtliche Souvenirs zu verkaufen. Ein großer Spaß, wenn sich rund 2.000 Passagiere auf die Sachen stürzen. Sie brachten heimischen Honig mit, Handarbeiten, T-Shirts und auch selbst gefertigten Schmuck. Für uns Touristen hatten sie sich teilweise ein wenig wie Piraten gekleidet und nachdem ich damit anfing, waren natürlich alle ganz wild auf ein gemeinsames Selfie. Als sie uns später am Tag mit ihrem Boot wieder verließen, standen wir an Deck und winkten – ein wirklich einzigartiges exotisches Erlebnis. Auf den Inseln wohnten damals (2015) um die 40 Menschen und ungefähr die Hälfte war bei uns an Bord zu Gast gewesen.

# Nachwort und ein Dankeschön

Den Gedanken, einen Ratgeber zum Thema Kreuzfahrten mit individuellen Empfehlungen zu schreiben, um meine Reiseerfahrungen weiterzugeben, habe ich schon mehrere Jahre mit mir herumgetragen. Das Konzept dafür hatte ich dann aber erst glasklar im letzten Jahr vor Augen. Ein Mix sollte es werden, eine Mischung aus Destinationen, Erlebnissen an Bord und Land und schönen Passagen und, das ist mir wichtig, echt erlebten Kreuzfahrterfahrungen. Dabei wollte ich klar den erhobenen Zeigefinger *Das tun Sie aber bitte nicht* vermeiden. Ob es mir gelungen ist, entscheiden Sie! Falls Sie mir also ein Feedback geben möchten, nach der Lektüre des Buches oder vielleicht auch, wenn Sie einen meiner Tipps ausprobiert haben und das Erlebnis gefallen Ihnen hat, dann freue ich mich auf ein Feedback per Mail an: brina-stein@email.de! Ich wünsche Ihnen von ganzem Herzen noch viele wunderbare, echte Kreuzfahrterlebnisse und vielleicht sehen wir uns ja mal an Bord. Ich bin dann die mit dem Laptop unter dem Arm und den türkisen Turnschuhen!

Mein erster Dank geht natürlich an meinen Mann Dirk, der mit mir seit 17 Jahren die Urlaubsform Kreuzfahrt teilt und auch die echten Erlebnisse. Viele Reisen hätte ich ohne dich sicher nicht erlebt und ja, versprochen, der Strandurlaub in Südfrankreich wird auch wieder in unser Reiseprogramm aufgenommen. Bedanken möchte ich mich auch bei meinem

Agenten und Lektor Hubert Quirbach, der mich seit 2013 intensiv begleitet – egal ob hinter den Kulissen der Autorin Brina Stein gerade Windstärke 9 oder Flaute herrscht. Mein Illustrator Attila Hirth hat schon viele Buchcover für mich entworfen und unsere Zusammenarbeit ist mir stets eine Freude, lieber Attila.

Würde man als Autor schreiben, wenn es keiner liest? Nein, oder? Und so danke ich meiner Familie, vielen Freunden, im echten und im virtuellen Leben, die auch immer tapfer an meiner Seite stehen und mich für neue Projekte motivieren.

Dies ist das erste Buch, das im Wellengeflüster-Verlag veröffentlicht wurde, den mein Mann im Jahr 2019 gegründet hat und wir begeben uns damit auf absolutes Neuland. Für ihre Unterstützung danke ich einigen Autorenkolleginnen und –kollegen, allen voran der wunderbaren Clara Gabriel, deren Liebesromane sich auf Kreuzfahrtschiffen abspielen. Das bedeutet aber nicht, dass ich nicht auch weiterhin in anderen Verlagen veröffentliche, aber die letzten sieben Jahre am Buchmarkt haben mir gezeigt, dass es ratsam ist, sich als Autor möglichst breit in der Buchbranche aufzustellen. Das habe ich hiermit getan und passe mich damit meinem Element, dem Meer, an, das ebenfalls unendlich weit ist.

*Maritime Grüße,*

*Ihre Brina Stein*

# Weitere Bücher von Brina Stein

# Jahresausklang auf Madeira – Wellengeflüster in Portugal

„Und sie haben auch am Nachmittag keine verdächtigen Personen in der Nähe der Kaimauer bemerkt?", wollte nun abschließend einer der Beamten wissen.

„Wir waren Korbschlitten fahren", entschuldigte sich der Kapitän und kratzte sich nachdenklich am Hinterkopf.

Sechs Kreuzfahrtschiffe treffen pünktlich zum Silvesterfeuerwerk im Hafen von Madeira ein. Die vielfältigen Einzelschicksale an Bord zum Jahresausklang könnten kaum unterschiedlicher sein. In Brina Steins drittem Buch geht es märchenhaft romantisch zu, aber es fehlt auch nicht an Spannung. Dafür sorgt ein gemeinsames Erlebnis, dass alle Kreuzfahrer am Neujahrstag verbindet und sogar die Stadt Funchal an ihre Grenzen bringt. Eine empfehlenswerte Lektüre für alle Freunde der Blumeninsel und von Kreuzfahrten.

*Erschienen am 24.07.2018 bei CreateSpace, 2. Auflage*
*Preis: 12,50 Euro, E-Book: 2,99 Euro*
*ISBN: 978-1719173117*

# Jahresausklang auf Sylt – Wellengeflüster in Westerland

Wir müssen sofort zur Polizei", befand Rita. „Das müsst ihr nicht, wir sind schon da", ertönte durch den Raum eine dunkle Stimme.

Eine erfrischende Brise für die Seele, gepaart mit einem spannenden Streifzug durch viele Orte und Plätze der zauberhaften Insel Sylt erwartet den Leser. Autorin Brina Stein macht einfach Lust auf Meer! Ein lustiges Völkchen hat sich zum Jahresausklang auf Sylt versammelt und wieder stehen die drei lebensfrohen, aber hoffnungslos chaotischen Landfrauen Rita, Rosi und Ute im Mittelpunkt des Geschehens. Werden sie es schaffen, das Geheimnis um die verschollene Jacht *Wellengeflüster* zu lösen?

*Erschienen am 20.03.2018 bei CreateSpace, 2. Auflage*
*Preis: 12,50 Euro, E-Book: 2,99 Euro*
*ISBN: 978-1981413157*

# DER GROSSE ROMAN: 115 TAGE AN TISCH 10 – WELLENGEFLÜSTER AUF WELTREISE

Völlig unterschiedliche Charaktere erfüllen sich den Traum von einer Kreuzfahrt um die Welt. Viel gemeinsam haben sie nicht, aber allabendlich sitzen sie an demselben Tisch des Kreuzfahrtschiffes Kosta Onda. Zunächst sehr distanziert, lernen sie sich und fast nebenbei die Welt kennen. Ihre Reise führt sie von Italien rund um Südamerika, durch die Südsee, Australien und um Südafrika herum wieder nach Italien. Nach und nach entwickeln sich Freundschaften und ihre Leben scheinen für 115 Tage ineinander zu verschmelzen. Neben lustigen Anekdoten, die auf wahren Erlebnissen beruhen, beschreibt und vermittelt die Autorin Brina Stein aber auch Wissenswertes über Land und Leute. Zudem nimmt sie ihre Leser mit zu den schönsten Plätzen, die sie selbst auf ihrer Weltreise entdeckte. Und das waren einige in 115 Tagen. Das Buch endet mit der Beschreibung des letzten Abends an Bord, der schließlich zeigt, dass die zusammengewürfelte Gruppe an Tisch 10 in der Welt zusammengewachsen ist und sogar schon ein Wiedersehen plant, was zu Beginn der Kreuzfahrt sicher niemand gedacht hätte.

*Erschienen am 1.2.2017 im Verlagshaus el Gato*
*Preis: 15,00 Euro, E-Book: 5,99 Euro*
*ISBN: 978-3946049098*

# KOSTENLOSES E-BOOK:
## HOCHZEIT AUF NIEDERSÄCHSISCH –
## WELLENGEFLÜSTER IN WÜLFERODE

 Dieses E-Book ist am 5.7.2017 anlässlich meines 15jährigen Kreuzfahrtjubiläums erschienen. Die Landfrauen kehren zurück von ihrer Weltreise und die kirchliche Hochzeit von Ina und Basti in Wülferode steht an. Natürlich ist klar, dass diese Feierlichkeit nicht normal verlaufen kann, wenn die lustigen Landfrauen Rita, Ute und Rosi auf der Gästeliste stehen. Was sie über ihre Weltreise berichten und wie eine Hochzeit auf Niedersächsisch abläuft, das erfährt der Leser in dieser Bonusgeschichte.

*Erschienen am 5.7.2017 im Verlagshaus el Gato*
*Preis: 0,00 Euro*

## Der Bildband: Kreuzfahrt um die Welt – 115 Tage unterwegs auf allen Meeren

Klingende Namen · Rio de Janeiro, die Osterinsel, die Südsee, Sydney und Kapstadt sind Traumziele, die man von einer Kreuzfahrt um die Welt erwartet. Doch wie fühlt es sich an, vier Monate lang in einer 14 Quadratmeter großen Kabine zu wohnen? 115 Tage gemeinsam mit 2000 anderen Passagieren aus aller Welt auf engem Raum zusammen zu sein? Wie erträgt man als Kreuzfahrer 68 Seetage, an denen nur Wasser um einen herum zu sehen ist? 33 216 Seemeilen. 38 Häfen …

Dieser Bildband zeigt in faszinierenden Bildern die großen und kleinen Highlights dieser Reise um die Welt – zwischen den Kontinenten Südamerika, Australien/Ozeanien und Afrika: Perth, Port Louis (Mauritius), Papeete (Tahiti) und Moorea (Französisch-Polynesien), um hier nur einige Stationen des Schiffes *Costa Deliziosa* zwischen dem Start- und Zielhafen Savona in Italien zu nennen. Und der dazugehörige Text gibt Einblick in die Gefühle einer so langen Reise und die Emotionen, die einen *da draußen* unweigerlich überfallen können. Das Spezialkapitel erzählt die Geschichte der Reederei Costa Crociere und Details über das schwimmende Heim: das tägliche Programm an Bord und über Veranstaltungen und Feste, die die Kreuzfahrer gemeinsam feierten.

*Erschienen am 20.11.17 im Verlag Stürtz*
*Preis: 19,95 Euro*
*ISBN: 978-3800346288*

## Jahresausklang in Travemünde – Wellengeflüster an der Ostsee

Die rüstigen Rentner Hans-Hugo und Josef planen zu Weihnachten mit den lebenslustigen Landfrauen Rita und Rosi einen Überraschungsbesuch bei ihren Freunden Ute und Kalli in Travemünde. Was wie immer harmlos beginnt, ufert aus. Eine Einladung in die Villa *Wellengeflüster* beschert ein unliebsames Wiedersehen mit der vierten und langjährig verschollenen Landfrau Doris. Dass diese im Begriff ist, den wohlhabenden Theo, Berater des Neubauprojektes *Priwall Waterkant,* zu heiraten, bringt Rita, Ute und Rosi ebenso auf den Plan wie der Abriss von Inges alteingesessener Kneipe *Bootsdeck.* Kurz vor der Eheschließung am Silvestertag verschwindet plötzlich Theo auf mysteriöse Art und Weise. Die Landfrauen fühlen sich gefordert, starten ihre eigenen Ermittlungen, wie immer, an der Polizei vorbei und jede Spur scheint zu Doris zu führen.

Spannende Tage zum Jahresausklang im Ostseeheilbad Travemünde erwarten den Leser. Brina Stein zeigt ihren Heimathafen in zahlreichen Schauplätzen. Fast nebenbei gibt es Insidertipps in Sachen Gastronomie. Das sechste Buch der *Wellengeflüster-Serie* ist ein Muss für alle Fans und für Leser, die die Ostsee genau so lieben wie die Autorin selbst. Möwengeschrei inklusive!

*Erschienen am 18.03.2018 im Verlagshaus el Gato*
*Preis: 12,50 Euro, E-Book 4,99 Euro*
*ISBN: 978-3-946049-22-7*